当代中国口述史
Oral History in Contemporary China

汪东兴回忆
毛泽东与林彪反革命集团的斗争

当代中国出版社
Contemporary China Publishing House

图书在版编目(CIP)数据

汪东兴回忆：毛泽东与林彪反革命集团的斗争/汪东兴著.—3 版.—北京：当代中国出版社，2004.1（2024.8 重印）
ISBN 978-7-80170-286-9

Ⅰ.汪… Ⅱ.汪… Ⅲ.①无产阶级文化大革命—史料②林彪反党集团—史料 Ⅳ.D652

中国版本图书馆 CIP 数据核字(2003)第 125708 号

出 版 人	王　茵
责任编辑	宋卫云
责任校对	王小芸
装帧设计	古　手
出版发行	当代中国出版社
地　　址	北京市地安门西大街旌勇里 8 号
网　　址	http://www.ddzg.net
邮政编码	100009
编 辑 部	(010)66572264
市 场 部	(010)66572281　66572157
印　　刷	北京润田金辉印刷有限公司
开　　本	680 毫米×1020 毫米　1/16
印　　张	11.75 印张　插图 43 幅　95 千字
版　　次	2010 年 1 月第 3 版
印　　次	2024 年 8 月第 7 次印刷
定　　价	58.00 元

版权所有，翻版必究；如有印装质量问题，请拨打(010)66572159 转出版部。

出版说明

现代史学越来越不满足于文献资料，而求索于人们的记忆。于是，口述史于20世纪40年代在西方勃然兴起，20世纪80—90年代引起中国史学界的关注。口述史让历史的参与者直接对"历史"说话，不仅可以弥补文献资料的不足，而且使历史更加鲜活、生动。口述方法更是当代史研究的重要方法之一，因为许多事件的当事人健在，他们能从不同方面、不同角度生动地诉说自己参与的那段历史。

新中国诞生五十多年，它谱写了中华民族五千年文明史中最为壮丽辉煌的篇章，对当代中国史的研究是一项应大力加强的工作。毫无疑问，参与共和国重大事件决策的老同志的记忆对于国史研究具有特别重大的意义，他们年事已高，自己动手困难，访谈并整理他们的口述，成为十分紧迫而带有抢救性的工作。作为国史研究专门机构的当代中国研究所建立伊始，就十分重视口述史料的搜集和整理，并由《当代中国史研究》杂志陆续发表了一些口述史方面的成果。我们意在将这些成果汇集出版，并由此进一步萌发出版《当代中国口述史》丛书的想法，以此汇集和整理亲历者记述当代中国史的资料。在酝酿这套丛书过程中，我们发现：有些亲历者可以自己动手撰写，有些亲历者生前对其亲人讲述过自己所亲历的事件或与一些要人交往的情形，其亲人以回忆的形式述出。很显然，这些记述都是十分宝贵的当代中国史资料，因此，我们也将它们收入这套丛书中。

《当代中国口述史》丛书的首要宗旨是存史，为当代中国史研究者提供可信的史料。而史料的生命在于真实性。因此，丛书所收以亲历者的叙述为主体，无论是口述、自述，还是回忆录，都必须是亲历者作为事件的当事人、决策者或参与者对事件的叙述。而且必须是以严肃、认真、实事求是的态度来叙述。当然，完全避免情感的因素不仅不可能，而且会使之失去鲜活性。但情感的倾诉应限制在合理的范围。如果是对口述的整理，整理者应对事件背景有必要的了解，要对关键的情节、关键的人物以及时间、地点作必要的查证。同时，要理顺叙事逻辑。文采不求飞扬，但必须成诵。

这项工作既已开始，就要扎扎实实做下去。亲历的内容十分丰富，政治、经济、文化、社会、军事、外交及个人生活史、家族史都可涵盖；亲历者可以是党政各级领导干部和工作人员，也可以是普通老百姓，总之，工、农、兵、学、商都可以成为本丛书的作者。他们从不同层次、不同角度叙述当代中国的历史，可以记录下一个比较真实的当代，对于丰富国史内容，弄清历史真相，总结历史经验，资政育人，都是大有裨益的。

我们希望本丛书能够成为当代中国史研究者的资料库，成为各级领导干部增益智慧的智囊团，成为关心共和国成长和命运的中国公民的图书馆。

当代中国出版社编辑部

目录 Contents

前 言

一、林彪急于夺取党和国家最高权力 / 1

　　1966 年 5 月 18 日，林彪在中央政治局扩大会议上谈夺权和政变问题／"这个问题像他这样讲法过去还没有过。他的一些提法，我总感觉不妥"／

　　林彪擅自向全军发布了"林副主席指示第一个号令"／毛主席看后，一脸不高兴的样子，对我说："烧了。"／他想试探一下凌驾于毛主席之上下命令，看毛主席的反应／毛主席让秘书回电话："问候林彪同志好！"／

　　在安排毛主席要住的房屋上边正轰轰地炸石头／黄永胜答复周总理说，他知道有这么回事，他报告了林副主席／

　　张春桥提出在宪法序言部分，把"天才地、创造性地、全面地"三个副词删去／叶群告诉吴法宪：林彪很高兴，说：吴胖子放炮放得好。毛主席对林彪说："我劝你也别当国家主席。谁坚持，谁去当！"／

二、林彪想当国家主席 / 23

　　（一）/ 24

　　毛主席问："这个'吐故'吐得怎么样呀？大概吐得不多吧？对蒋南翔这样的人留下来好。"／毛主席说："还是要以教育为主。"／周总理说："有的人长期挂起来呀？我认为还是下去劳动接触群众比较好。"／

(二) / 27

　　开幕前,毛主席问周总理和康生:"你们谁先讲啊?"林彪突然说:"我要讲点意见。"/虽然台下有热烈的掌声,坐在台上的毛主席听得越来越不耐烦,明显地表现出不高兴。周总理、康生也表现出着急的神态。/陈伯达在礼堂门口塞给我一份材料,他对我说:"这份材料请打印5份。"/陈伯达、吴法宪、叶群、李作鹏、邱会作分别在各组带头发言/毛主席严厉地说:"你汪主任了解我不当国家主席的意见,还派你回北京向政治局传达过,你怎么又要我当国家主席呢?"/许世友来了,毛主席与他握手时说:"你看,我这个手凉不凉?"/周总理说,你争取第一检查吧/

(三) / 40

　　8月26日和27日,周总理、康生要吴法宪做检讨。吴法宪偷偷报告了林彪/"今天,找你们开个会。你们在会上为什么要在同一个时间发言,为什么都引用了同样的语录。你们要坦白,要交代。"/毛主席说:"不要你去开会了,说明你不是那个圈子里的人。"/9月5日上午,毛主席找陈伯达谈话/

三、"读点马列主义的书" / 47

　　"我在九届二中全会中前三天被陈伯达利用欺骗有三件事"/毛主席说:"我劝林应好好地想一想,表一个态嘛!"/"把你给我的信给他们看,传达我对你的信的批示及我今天谈话的内容,争取犯错误的人早点觉悟。"/

　　曾思玉说:"当时我是一盆浆糊,弄不清楚。"/凌晨4点钟左右,护士长吴旭君来敲我的门,她从门缝塞进来一张纸条/叶群向毛主席交出了第一次书面检讨/"爱吹不爱批,爱听小道消息,经不起风浪。"/"陈伯达一吹就上劲了,军委办事组好些同

志都是如此。"／

是何原因陈伯达成了北京军区及华北地区的太上皇／"四个伟大"，就留下一个导师／"你们几个同志，在批陈问题上为什么老是被动"／

"这期简报发出最早、最快，简报内容中陈伯达的话很少，我的话很多，事先又不给我看，这是一个阴谋"／毛主席"甩石头"；"掺沙子"；"挖墙脚"／

四、"庐山这件事，还没有完"／69

（一）毛主席在武昌的谈话／70

陈毅同志是个襟怀坦白的人／张国焘要是不跑的话，还要给他一个政治局委员当／

有人看到我年纪老了，快要上天了，他们急于想当国家主席，要分裂党，急于夺权／抗美援朝，人家打了胜仗，不叫人家管这个事行吗？／现在我要抓军队的事／说我们都是六十岁以上的人了，要培养六十以下的、三十岁以上的人／

毛主席对华国锋严肃地说：我看你是满脑子的农业，我是满脑子的路线斗争／有人说三年灾害是我搞的，我要采取的办法他们又不赞成／他们的名为反对张春桥，实际是反我／

毛主席叮嘱刘丰，谈话不要告诉别人／李先念这个人，比较正派，比较好／

（二）毛主席在长沙的谈话／85

应该把民主党派的牌子都挂起来，把民主党派搞掉了，有什么好处呢／对犯错误的人，不管他怎么样，不要杀人。搞斗、批、改，也要搞得温和一些／

在这个关键时刻，叶剑英是有功劳的，所以你们应当尊重他／打奠边府的时候，你是坚决主张打的。开头他们不听你的，

你很厉害，他们就听了 / 陈独秀也有个长处，就是不爱财 /

　　黄永胜这个人政治上不怎么强 / 邓华这个人，跟着别人犯过错误，我对这个人寄予希望。杨勇被抓究竟是怎么一回事 / 对二十几岁的人就捧得这样高，这没什么好处，实际上是害了他 /

　　庐山这件事，还没有完，还没有解决 / 如果你们有理，你可以坚持，为什么那股妖风刮了三天就不刮了呢 / 我的意见都是下面来的，下边是供应站 /

　　这次保护林副主席，没有作个人结论 / 我们的高级干部不成熟 / 你们和黄永胜的关系那么深，黄永胜倒了怎么得了呀？他是办事组里边井冈山的独生子 /

（三）毛主席在南昌的谈话 / 111

　　晚上10点多钟，毛主席同许世友、韩先楚、程世清和我开始了第一次谈话 / 毛主席不希望许世友讲下去。其实，张国焘搞的伪中央的名单，中央早就知道 /

　　去年的庐山会议，吴法宪向华东空军系统的王维国、陈励耘、韦祖珍这几个人打了招呼，有没有你程世清呀 / 你这个许世友呀，应该高抬贵手，刀下留人 / 你这个地方缺少一个"宰相" / 九届二中全会我们大家都起哄，犯了错误 /

（四）毛主席在杭州的谈话 / 117

　　陈励耘听了立即紧张起来 / 毛主席所说林彪打电话、写信的情况是这样的 / 到处挂像，日晒雨淋，可怜噢 /

　　军队开始是聂荣臻管的，以后是彭德怀管，后来是林彪管。但他身体不好，也管不了那么多，罗瑞卿、杨成武也不听他的，我帮忙也不够 / 打掉一条军舰就翘尾巴，我不赞成，有什么了不起 / 黄永胜不会不摇鹅毛扇子吧！/ 陈毅打仗……南边听粟裕的，北边听许世友的 /

(五) 毛主席在上海的谈话 / 126

你这个司令员随便离开工作岗位……要是万一发生问题,这怎么办呀 / 王洪文说:许司令,毛主席等你快15个小时了 / 对简报问题的意见是江青、张春桥、姚文元到毛主席那里讲的 / 毛主席对王维国很冷淡 /

(六) 毛主席在丰台的谈话 / 131

9月12日13点10分,毛主席的专列驶抵丰台 / 你们会打渔吗?纲就是串鱼网的那根绳子 / 还要看一看。黑手不只陈伯达一个,还有黑手 /

五、粉碎林彪反革命政变阴谋 / 137

(一) / 138

"陈伯达在华北几十天,周游华北,到处游说。我这次就是学他的办法,也到处游说。" / 我意识到他是为了要帮助一些地方的党政军负责同志也想挽救林彪和黄永胜等人 /

林彪、叶群和林立果在苏州密谋后,派林立果到上海 / 顾同舟听到毛主席在长沙谈话内容,立即密报给林立果 / 盼照立果、宇驰同志传达的命令办 /

杭州有一位好同志派人暗示毛主席说:杭州有人在装备飞机 / 毛主席说:"走啊!不要通知陈励耘他们。" / 我说:"那也不行,会打草惊蛇。" /

谋害毛主席的办法有八种之多 / 如果毛主席住在顾家花园,可以把王维国的"教导队"带上去 / 北线由王飞指挥,南线由你指挥,你要赶快回南方去 / 北京上空是禁飞的,用坦克可以把中南海的墙撞开 / B—52的情况现在怎么样了 /

我带上中央警卫团干部队100人 / "不通知。谁都不通知。" / 周总理还不知道出了什么问题,感到诧异 /

林立果连声说:"糟糕!糟糕!"/林彪说:"立即转移。"/计划在广州立即召开师以上干部会议,进行动员,并宣布成立中央政府/周宇驰这时挥着胳膊对江腾蛟和王飞说:"他妈的,成败在此一搏!"/

(二) / 158

"林彪要走动,怎么办?"/周总理听了这些情况后,他也紧张起来/叶群对周总理说:"你到北戴河来,林彪就紧张,林彪会更不安。总之,总理不要来。"/周总理在人民大会堂里,我在中南海的南楼,他和我都已经忙得不可开交了/

林立衡自从报告了林彪要去外地的情况后,已经不敢再回去了/林彪问林立果和警卫秘书:"去伊尔库茨克要飞多少时间?"/追到山海关机场的时候,林彪已经上了飞机/"我们是保卫林副主席的"/

"我们在主席那里碰头"/吴法宪请示,要不要派强击机拦截/"天要下雨,娘要嫁人,不要阻拦,让他飞吧。"/

毛主席和周总理异口同声地说:"下命令,要空军派飞机拦截。"/你们不要害怕,出国境就行/三声枪响,可是倒下的只有两个人/

"得到了一个很重要的消息,你是不是马上报告毛主席。"/"飞机上有没有活的人?"/如何处理同林彪有密切关系的黄永胜、吴法宪、李作鹏、邱会作等人的问题/周总理向毛主席报告说,黄永胜他们在拼命烧材料/要分开来,一个人、一个人地办/"现在宣布对你们实行隔离审查。"/

后 记 / 173

前 言

中国共产党第九届中央委员会第二次全体会议,于1970年8月23日在庐山开幕,9月6日胜利闭幕。在这次会议的前后,比较充分地暴露了林彪反革命集团的篡党夺权阴谋,毛泽东主席及时识破并给予了严重的打击。我亲历这次会议的前后过程,有些事并与我个人有关系。因此,我把所知道的有关这次会议前、会议中和会后的一些情况写出来,使读者能够较为全面地了解这段历史的情况,对于党史部门和史学工作者也有一定的参考价值。为了这个目的,我写了《毛泽东与林彪反革命集团的斗争》一书。

党的九大以后,毛主席考虑把工作重点放到政府工作方面,提出召开第四届全国人民代表大会和修改宪法等问题。1970年8月23日至9月6日,党中央在江西九江庐山召开了九届二中全会,安排讨论修改宪法、抓国民经济和备战等问题。由于林彪在会议一开始就利用设国家主席问题和"天才"问题发难,使会议无法正常进行。毛主席敏锐地发现林彪一伙想利用突然袭击阴谋手段窃取国家权力的企图,很策略地抓住陈伯达的问题,点名进行了严厉批判,打乱了他们的部署。在全会闭幕会上,毛主席强调要在全党进行党的基本路线教育,要抓好高级干部的理论学习,要搞好党内的团结。后来,毛主席根据建党以来的历史经验,在南方巡视讲话中提出,希望全党同志要搞马克思主义,不要搞修正主义;要团结,不要分裂;要光明正大,不要搞阴谋诡计。并明确指出1970年庐山会议的斗争是两条路线、两个司令部的斗争。

毛主席进一步揭露了林彪集团搞阴谋诡计的实质。他说："他们搞突然袭击，搞地下活动，为什么不敢公开呢？可见心里有鬼。他们先搞隐瞒，后搞突然袭击，五个常委瞒着三个，也瞒着政治局的大多数同志。""他们这样搞，总有个目的嘛。我看他们的突然袭击、地下活动，是有计划、有组织、有纲领的。纲领就是设国家主席，就是'天才'。有人急于想当国家主席，要分裂党，急于夺权。""天才问题是个理论问题，他们搞唯心论的先验论。说反天才，就是反对我。我不是天才。"

在庐山会议上，毛主席虽然对陈伯达等人进行了严厉的批评，但是对多数同志，包括对林彪在内，还是采取批评、教育、挽救的态度。毛主席说："还是教育的方针，就是'惩前毖后，治病救人'。对林还是要保。回北京以后，还要再找他们谈谈。不过，犯了大的原则的错误，犯了路线、方向错误，为首的，改也难。"

可是林彪一伙并没有接受毛主席的批评教育，反而怀恨在心，更加疯狂地进行反革命活动。1971年8、9月间，他们在毛主席到南方巡视期间，千方百计刺探毛主席的行踪及毛主席在沿途同各地负责人谈话的内容。9月8日，林彪写下手令："盼照立果、宇驰同志传达的命令办。"要他们反革命集团的"联合舰队"按照早在《"571工程"纪要》中密谋的方案采取行动：一是要杀害毛主席；二是如果此计不成，就带领黄永胜、吴法宪、李作鹏、邱会作、江腾蛟等人南逃广州，另立中央政府。

当毛主席察觉和了解到林彪集团在利用突然袭击阴谋手段夺权失败后，转为进行武装政变时，当机立断，采取措施，机智地粉碎了他们的这次反革命政变阴谋活动，夺取了全面胜利。

汪东兴
1995年8月

前 言

■ 毛主席七十寿辰（1963年），汪东兴同志与毛主席合影。

汪东兴回忆
毛泽东与林彪反革命集团的斗争

■ 汪东兴同志近照

尊重历史，实事求是，研究历史，总结、提高、发展。

汪东兴

一九九五年九月九日

一

汪东兴回忆
毛泽东与林彪反革命集团的斗争

林彪急于夺取
党和国家最高权力

毛主席说过:"我们这个党已经有五十年的历史了,大的路线斗争有十次。这十次路线斗争中,有人要分裂我们这个党,都没有分裂成。这个问题,值得研究,这么个大国,这样多人不分裂,只好讲人心党心,党员之心不赞成分裂。从历史上看,我们

■ 1966年,林彪、陈伯达与毛泽东、周恩来在天安门城楼上接见外地来京师生和红卫兵。

一、林彪急于夺取党和国家最高权力

这个党是有希望的。"

毛泽东主席是中国历史上和世界历史上罕见的历史伟人,是伟大的马克思列宁主义者,是伟大的无产阶级革命家、战略家和理论家。

他最伟大的功绩,是成功地把马克思列宁主义的普遍真理同中国的具体实际结合起来,在总结中国人民和中国共产党的革命历程中,总结和创造了前所未有的经验和理论,形成了适合中国国情的具有中国特点的革命理论——毛泽东思想。毛泽东思想是马克思列宁主义在中国的运用和发展,是被实践证明了的关于中国革命的正确的理论原则和经验总结,是中国共产党集体智慧的结晶。

毛泽东主席以他无与伦比的革命胆略,在中国革命的危急关头和不同历史时期的转折关头,同形形色色的错误倾向进行了艰苦卓

绝的斗争。他把自己毕生的精力和智慧，都贡献给了中国革命。

1965年8月5日，毛泽东主席在与某国共产党代表团谈话中说："《新民主主义论》是一九四〇年写的。我参加共产党，打了十三年仗，在这十三年之前还有六年，一共十九年的时间，才认识到中国是什么样的中国，要采取什么政治纲领、文化纲领。花了十九年的时间，你看，多困难！认识客观事物是多么困难。"

毛泽东主席创造性地提出了新民主主义革命的理论，指明中国武装夺取政权，只能走以农村包围城市，最后夺取城市和全国胜利的道路。

在以毛泽东主席为代表的中国共产党领导下，中国人民经过几十年的艰苦奋斗，推翻了帝国主义、封建主义和官僚资本主义的反动统治，建立了中华人民共和国。

新中国成立后，毛泽东主席以他的远见卓识和高超的领导艺术，成功地完成了我国社会从新民主主义向社会主义的伟大转变，确立了我国的社会主义制度，使我国的经济文化取得了巨大发展。

1966年3月18日，毛泽东主席在接见某国共产党代表团谈话中说：

> 我这个人哪！是开除过党籍的①。当了民主人士。没办法，他们就叫我当师长。井冈山时期，支部会也不能参加，我是前敌委员会的政治委员，都被辞掉了。可谓孤立了吧！十年内战中间，三次赶出红军，有十几次我的意见不能通过，只剩下我一家。我是政治局委员，他们送我的绰号是"一贯的右倾机会主义"。在世界观上，说是"狭隘的经验主义者"。
>
> 在我们党内，长期整我。陈独秀整我，瞿秋白整我，李

---

① 这是当时误传，实际上是被开除中央临时政治局候补委员，并未开除党籍。

一、林彪急于夺取党和国家最高权力

立三整我，王明整我最惨。陈独秀整我"左"，十年内战又整我是右倾机会主义，丝毫马克思主义都没有。

正如毛主席所说，人对客观世界的认识都是有一个过程的。对林彪反党集团的形成、发展，以及他们所进行的反党阴谋活

■ 1966 年 8 月 18 日，毛泽东主席在天安门上接见红卫兵。

动,毛泽东主席也是有这样一个认识过程的。有时,他为了不伤害广大群众的积极性,也做过一些违心的事。

1956年,中国共产党召开第八次全国代表大会,林彪当选为中央政治局委员。

林彪为了实现自己的目标,利用毛泽东对中国共产党和中国革命无与伦比的历史功绩,在全党、全军和全国人民中的崇高威望,极力推行对毛泽东的个人崇拜。

随着林彪地位的上升,他的野心也急剧膨胀起来。凡是在他看来反对他的人,妨碍他夺取最高权力的人,他和他的同伙采取诬陷、迫害的手法想方设法除掉。

林彪为了夺权,组织人为他搜集了古今中外大量政变资料,进行潜心研究。

他从中得出一个结论:"政变,现在成为一种风气。世界政变成风。""反革命政变,大多数是宫廷政变,内部搞起来的。"

1966年5月18日,林彪在中央政治局扩大会议上对夺权问题讲了这样一段话:

> 革命的根本问题是政权问题。有了政权,无产阶级、劳动人民就有了一切。没有政权,就丧失一切。生产关系固然是基础,但是靠夺取政权来改变,靠夺取政权来巩固,靠夺取政权来发展。
>
> 无论怎样千头万绪的事,不要忘记方向,失掉中心,永远不要忘记了政权。要念念不忘政权。忘记了政权,就是忘记了政治,忘记了马克思主义的根本观点,变成了经济主义、无政府主义、空想主义。那就是糊涂人,脑袋掉了,还不知道怎么掉的。
>
> 毛主席的话,句句是真理,一句超过我们一万句。

一、林彪急于夺取党和国家最高权力

毛主席活到哪一天，九十岁，一百多岁，都是我们党的最高领袖，他的话都是我们行动的准则。谁反对他，全党共诛之，全国共讨之。在他身后，如果有谁作赫鲁晓夫那样的秘密报告，一定是野心家，一定是大坏蛋，全党共诛之，全国共讨之。

1967年1月，林彪这样说夺权："无论上层、中层、下层都要夺。有的早夺，有的迟夺"，"或者上面夺，或者下面夺，或者上下结合夺。"

林彪认为军权是权中最重要的权，他在军中各军兵种安插同党，培植亲信。他说："要学习蒋介石，蒋介石把一国的军权抓住了，他就是把一个国家抓住了，这一点是值得学习的。"

毛主席对林彪的举动很是反感。

1966年7月在给江青的一封信中，毛主席这样写道：

我的朋友的讲话，中央催着要发，我准备同意发下去，他是专讲政变问题的。这个问题，像他这样讲法过去还没有过。他的一些提法，我总感觉不安。我历来不相信，我那几本小书，有那样大的神通。现在经他一吹，全党全国都吹起来了，真是王婆卖瓜，自卖自夸。我是被他们迫上梁山的，看来不同意他们不行了。在重大问题上，违心地同意别人，在我一生还是第一次。叫做不以人的意志为转移吧。晋朝人阮籍反对刘邦，他从洛阳走到成皋，叹道：世无英雄，遂使竖子成名。鲁迅也曾对于他的杂文说过同样的话。我跟鲁迅的心是相通的。我喜欢他那样坦率。他说，解剖自己，往往严于解剖别人。在跌了几跤之后，我亦往往如此。可是同志们往往不信。我是自信而又有些不自信。我少年时曾经说

■ 林彪在1966年毛泽东接见外地来京师生和红卫兵前准备讲话稿

过：自信人生二百年，会当水击三千里。可见神气十足了。但又不很自信，总觉得山中无老虎，猴子称大王，我就变成这样的大王了。但也不是折中主义，在我身上有些虎气，是为主，也有些猴气，是为次。我曾举了后汉人李固写给黄琼信中的几句话：峣峣者易折，皎皎者易污。阳春白雪，和者盖寡。盛名之下，其实难副。这后两句，正是指我。我曾在政治局常委会上读过这几句。人贵有自知之明。今年四月杭州会议，我表示了对于朋友们那样提法的不同意见。可是有什么用呢？他到北京五月会议上还是那样讲，报刊上更加讲得很凶，简直吹得神乎其神。这样，我就只好上梁山了。我猜他们的本意，为了打鬼，借助钟馗。我就在二十世纪六十年代当了共产党的钟馗了。事物总是要走向反面的，吹得越高，跌得越重，我是准备跌得粉碎的。那也没有什么要紧，

一、林彪急于夺取党和国家最高权力

■ 1966年8月31日,林彪随毛泽东接见红卫兵。

■ 林彪口呼：万岁！万万岁！极力推行对毛泽东的个人崇拜。

物质不灭，不过粉碎罢了。全世界一百多个党，大多数的党不信马列主义了，马克思、列宁也被人们打得粉碎了，何况我们呢？我劝你也要注意这个问题，不要被胜利冲昏了头脑，经常想一想自己的弱点、缺点和错误。这个问题我同你讲过不知多少次，你还记得吧，四月在上海还讲过。以上写的，颇有点近乎黑话，有些反党分子，不正是这样说的吗？但他们是要整个打倒我们的党和我本人，我则只说对于我所起的作用，觉得有一些提法不妥当，这是我跟黑帮们的区别。

1969年4月召开的中国共产党第九次全国代表大会，是"文化大革命"后的第一次党的全国代表大会，从这次会议选出的党的中央领导班子组成不难看出：各种政治力量都在利用这次会议达到自己的目的。

毛泽东主席坚持要党的领导班子老中青三结合，其中要有工人、农民、知识分子的代表参加。

一、林彪急于夺取党和国家最高权力

由于当时的历史条件和环境，这次大会确定林彪为"接班人"，写进了"九大"的党章。

1969年10月17日，林彪背着党中央和毛泽东主席，以"加强战备，防止敌人突然袭击"为由，擅自发布了"林副主席指示第一个号令"。黄永胜等人于18日将此令迅速下达全军，使全军进入紧急战备状态。

10月19日，林彪采用电话记录方式，以急件传阅报告毛主席。

他们先送交周恩来总理阅。周总理阅后批示：请主席阅。

我拿此急件送到主席住处，给主席看。毛主席看后，一脸不高兴的样子，对我说："烧掉。"我以为主席是让我拿去烧了，还没等我反应过来，主席自己拿起火柴一划，把传阅件点着，给烧了。接着，他又拿起传阅件的信封又要烧。我赶紧对主席说："主席，不能烧，你都烧了，以后查问起来，我无法交代。留下这个信封上面还有传阅件的编号，你不要烧了。"

主席听我这样说，这才作罢。

当天晚上，周总理打电话问我："主席看过林彪的紧急电话通知没有？"

我对周总理说："我送去给主席看了，主席看后给烧了。"

周总理惊诧地说："烧了？"

我回答："主席看后不高兴，自己就烧了。我劝了以后才留下传阅件的信封。"

周总理听到这里没有说话。

林彪和黄永胜等人知道了此事，慌了手脚，下令撤销了这个命令。

"林副主席指示第一个号令"的内容有这样几点：一是抓紧反坦克武器的生产；二是组织战时指挥部，进入临战状态；三是各级领导加强战备值班；四是严密注视中苏边境的形势及时掌握情

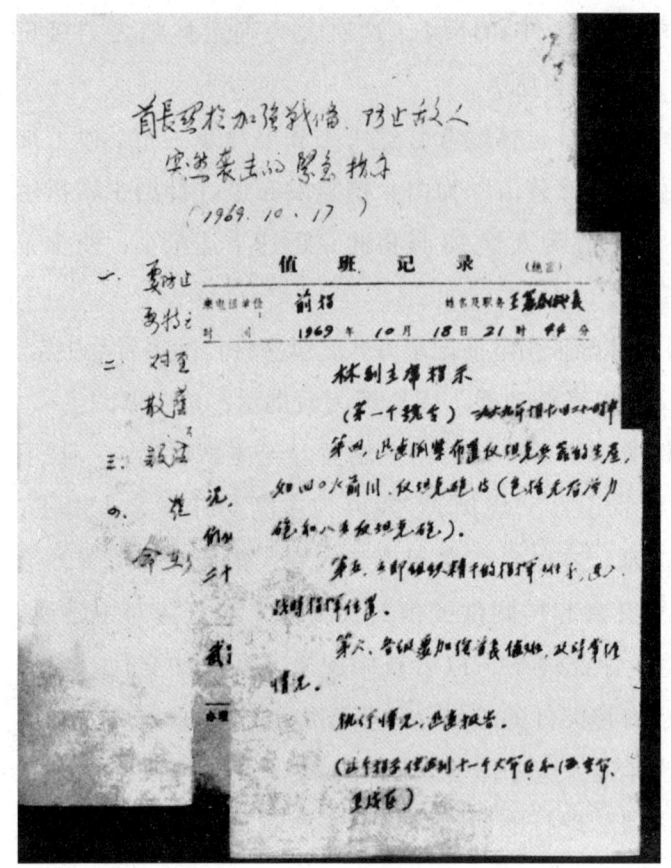

■ 林彪擅自发布的"第一个号令"

况，随时报告。

他想试探一下凌驾于毛主席之上下命令，看毛主席的反应。

看得出来，毛主席对林彪的这个号令很反感，但当时不便说什么，特别是当着我的面不好讲林彪的不是。

1969年初，为起草"九大"政治报告，林彪一伙和江青一伙之间的矛盾逐渐表面化。开始，经毛主席同意，"九大"政治报告由陈伯达、张春桥、姚文元起草。

1969年2月下旬，林彪召集他们三人商量起草报告的事，决定由陈伯达先动笔起草。陈伯达不愿意同张春桥、姚文元合作。

但他自己又迟迟拿不出政治报告的全稿，拿出来讨论的几部分，张春桥、姚文元看后批评说：陈伯达是在鼓吹"唯生产力论"。毛主席对陈伯达起草的初稿有过批示，陈伯达没有告诉江青、康生、张春桥、姚文元。江青便以"封锁毛主席的声音"为理由，同陈伯达大闹了一场。眼看"九大"开会的日期快到了，毛主席就叫康生、张春桥、姚文元另外起草政治报告。毛主席把他们几个都找来，讲了有关政治报告的基本思想和框架。还大致地讲了讲每段要写些什么。根据毛主席讲的这些，张春桥、姚文元花了一个多星期的时间，很快便拿出了初稿。康生在张春桥、姚文元起草初稿的过程中，借口生病，不参加讨论，当张春桥和姚文元把初稿拿出来后，他给林彪打电话说："我最近生了病，没有直接参加政治报告的起草。春桥、文元写的稿子，我看了一遍。我觉得，作为接班人向'九大'作的政治报告，这个稿子的分量是不够的。但是在这样短的时间内，他们就能拿出有一定水平的初稿来，还是不易的。我看它可以作为进一步讨论修改的基础，因为它的基本思路是能站住脚的。"这个时候，陈伯达也在赶写政治报告的草稿，不久也拿出了全稿。两个稿子排成清样送给了毛主席和林彪。毛主席认为张春桥、姚文元起草的稿子大体可用，但要作较大的修改，并对如何修改提出了许多具体意见。而陈伯达起草的那个稿子便被搁置一旁了。因为政治报告起草迟了，"九大"推迟了一个星期才开会。当时代表都被通知来到了北京，只好先组织他们参观。在报告起草的过程中，林彪对这两个稿子都没有看，只是叫秘书念了毛主席修改的一些段落和加写的内容。由于林彪对"九大"的政治报告改用张春桥、姚文元起草的稿子不满，在"九大"上，他只是照着稿子念了一遍，敷衍了事。

"九大"开过后，毛主席要着手解决政府工作、修改宪法等方面的问题，提出准备召开第四届全国人民代表大会。林彪认为这是争夺更多权力的好机会，在讨论修改宪法时，林彪就抓住"天才"问题和设国家主席问题大做文章。

在修改宪法时，宪法的序言中必然提到毛主席，这就涉及对毛主席的评价问题。原来，林彪为《毛主席语录》所写的《再版前言》中有这么一段话，即："毛泽东同志是当代最伟大的马克思列宁主义者。毛泽东同志天才地、创造性地、全面地继承、捍卫和发展了马克思列宁主义，把马克思列宁主义提高到一个崭新的阶段。"

在"九大"政治报告和新党章初稿中，都写上了"天才地、创造性地、全面地"这三个副词，送给毛主席审阅时，毛主席都把它们划掉了。这个情况，江青、康生、张春桥、姚文元知道，林彪、陈伯达、吴法宪等人也知道。可是，在讨论宪法的序言时，陈伯达、吴法宪等人却支持要把这三个副词再写上。在1970年8月13日召开的政治局会议上，吴法宪坚持要加上三个副词，康生、张春桥则反对。陈伯达、吴法宪便借此制造事端，说有人反对称毛主席为"天才"，是蓄意贬低毛主席和毛泽东思想。

在讨论到《中华人民共和国宪法》第二章第二节"中华人民共和国主席"时，林彪一伙一而再、再而三地坚持要在宪法上写上设国家主席一节。这显然是有他们自己的打算的。

1969年10月17日，吴法宪任命林立果为空军司令部办公室副主任兼作战部副部长。第二天，吴法宪把林立果、王飞、周宇驰召集在一起，祝贺林立果"荣升"。吴法宪对他们说："空军的一切都可以由立果同志调动，空军的一切都可以由立果同志指挥。"王飞、周宇驰又先后在空军党委常委办公会议上和机关里做了传达。这样，吴法宪便把空军的调动、指挥大权交给了林立果。

1970年3月初，毛主席接到周总理的信和附来的一份宪法修改草案提要。信中谈到政治局常委提出宪法中原有国家主席一

一、林彪急于夺取党和国家最高权力

■ 1969年,毛泽东主席和林彪在一起。

节，是不是还写上。当时，我们陪着毛主席正在武汉视察，住在武昌东湖宾馆梅岭一号。3月7日，毛主席要我马上回北京传达他的意见：在宪法中不写设国家主席一节，坚决表示他不再当国家主席。8日，我回到北京，向周总理传达了毛主席的意见。周总理说："你向政治局的同志们传达一下吧。"当晚，在周总理主持下，我在中央政治局会议上正式传达了毛主席关于不设国家主席的意见。会议讨论后，大家都同意毛主席的意见。周总理说："照毛主席的意见办，我们开始进行修改宪法的工作。"这次政治局会议，林彪又没有到会，叶群到了。会上，周总理还特地说了一句：就委托叶群向林彪转达毛主席的意见，报告政治局会议讨论的情况。然而，住在苏州的林彪，却在3月9日让叶群对在北京的黄永胜、吴法宪说："林副主席赞成设国家主席。"

3月16日，中央政治局经过讨论，就修改宪法的指导思想和修改宪法中的一些原则性问题，写了《关于修改宪法问题的请示》，送给毛主席。毛主席阅批了这个请示，再次明确批了不设国家主席的问题。

3月17日至20日，党中央在北京召开工作会议，讨论召开四届人大的问题。会上，大多数人同意毛主席3月6日提出的关于改变国家体制、不设国家主席的建议。

在此期间，林彪却让他的秘书给毛主席的秘书打电话说："林副主席建议，毛主席当国家主席。"毛主席则让秘书回电话："问候林彪同志好！"

4月11日夜间11点30分，林彪在苏州让他的秘书于运深给中央政治局值班的同志挂电话，传达他的三条意见："一、关于这次'人大'国家主席的问题，林彪同志仍然建议由毛主席兼任。这样做对党内、党外、国内、国外人民的心理状态适合。否则，不适合人民的心理状态。二、关于副主席问题，林彪同志认

一、林彪急于夺取党和国家最高权力

■ 1970年"五一"劳动节晚会

为可设可不设，可多设可少设，关系都不大。三、林彪同志认为，他自己不宜担任副主席的职务。"

4月12日，毛主席看到中央政治局关于林彪的意见的报告，立即批示："我不能再作此事，此议不妥。"

4月下旬，毛主席在中央政治局会议上第三次提出他不当国家主席、也不设国家主席。毛主席借《三国演义》中的典故说："孙权劝曹操当皇帝。曹操说，孙权是要把他放在炉火上烤。我劝你们不要把我当曹操，你们也不要做孙权。"

1970年7月下旬，政治局会议在讨论起草纪念"八一"建军节社论时围绕稿子中"伟大领袖毛主席亲自缔造和领导的、毛主席和林副主席直接指挥的中国人民解放军"的提法引起了一场争论。陈伯达主张恢复过去一贯的提法，即"伟大领袖毛主席亲自缔造和领导的、林副主席直接指挥的中国人民解放军"的提法，张春桥则主张不改回去。会上争论不休。

当时，我陪毛主席住在杭州，没有参加这次会议。毛主席的眼睛患了白内障，视力模糊。周总理就把会议争论情况写了封信给我，要我转报请示毛主席。毛主席听我念了信后，要我代他画圈后退回去。我觉得难办。考虑到毛主席和周总理就要到上海接见外宾，所以我没有圈回去，把信带在身边了。毛主席、周总理在上海锦江饭店接见第一批外宾后，周总理、黄永胜都问我那个报告毛主席圈阅了没有，我说你们去问毛主席。当时，毛主席正点燃一支香烟在抽，对着我说："怎么搞的？"意思是说你怎么没有把信圈回去。我说："这样大的事，我不敢圈。两种意见，您到底赞成哪一种？"毛主席说："两种意见，我都不赞成。缔造者不能指挥，能行吗？缔造者也不光是我，还有许多人。"毛主席说完后，我下楼从皮包里拿出信来，当着周总理、黄永胜的面，按照毛主席的意思作了圈阅，但还是让我删去了"毛主席和"四个字，恢复过去提法，给他们了。后来，毛主席还多次说过，缔造者就不能指挥吗？缔造者也不只是我一个，还有许多人。

1970年7月31日，在林彪、叶群的策划下，林立果在空军司令部干部大会上作了一个所谓"讲用报告"。他这个报告的讲稿是王飞、周宇驰等人写的。林彪听了"讲用报告"的录音后，说什么"不仅思想像我的，语言也像我的"。8月4日，他们还把"讲用报告"的录音拿到空军"三代会"上播放。吴法宪吹捧说这是"放了一颗政治卫星，是天才"。周宇驰、王飞、陈励耘吹捧说，这是"第四个里程碑"，林立果"是全才、帅才、超群之才，是第三代接班人"等等。

毛主席知道这些事后，非常不高兴，多次提出批评。他说："不能捧，二十几岁的人捧为'超天才'，这没有什么好处。"他还说，那些积极分子代表大会，有些是开得好的，也有好多是开得不好的。

一、林彪急于夺取党和国家最高权力

在庐山会议前,我提前去庐山看毛主席要住的房子。到了庐山一看,在安排毛主席要住的房屋上边正轰轰地炸石头,当时的江西省委书记程世清事先也没有把这件事告诉我。

我问程世清:"这是在搞什么?"

程世清说:"在修飞机场。"

我不解地问:"怎么能在这里修飞机场?"

程世清说:"这块地方大,飞机降落比较安全。"

我又问他:"你们在这里修机场,是经过哪里批准的?"

程世清说:"是军委批准的。"

我说:"你是什么时候接到命令的?"

程世清想了一下回答:"命令是前天收到的。"

我又到现场去看了一下。飞机场已经修了大部分了,快修好了。

我说:"这个机场就在毛主席住房的上面,这样会影响毛主席休息和办公的。"

程世清说:"那怎么办?"

我当时没答复他,也没有做声。我回到杭州,就把修机场的事向毛主席报告了。

毛主席问我:"谁下的命令呀?"

我说:"不知道。"

毛主席说:"你打电话问问总理,他知道不知道。"

我打电话问周总理,周总理说:"我也不知道。"

我说:"这可就麻烦了,你也不知道?"

周总理说:"我问一下。"

周总理问了黄永胜。黄永胜答复周总理说,他知道有这么回事,因为当时有些老同志要去庐山开会,坐汽车不行,坐飞机又快又安全,空军就准备了几架直升机。周总理问,你这么决定报

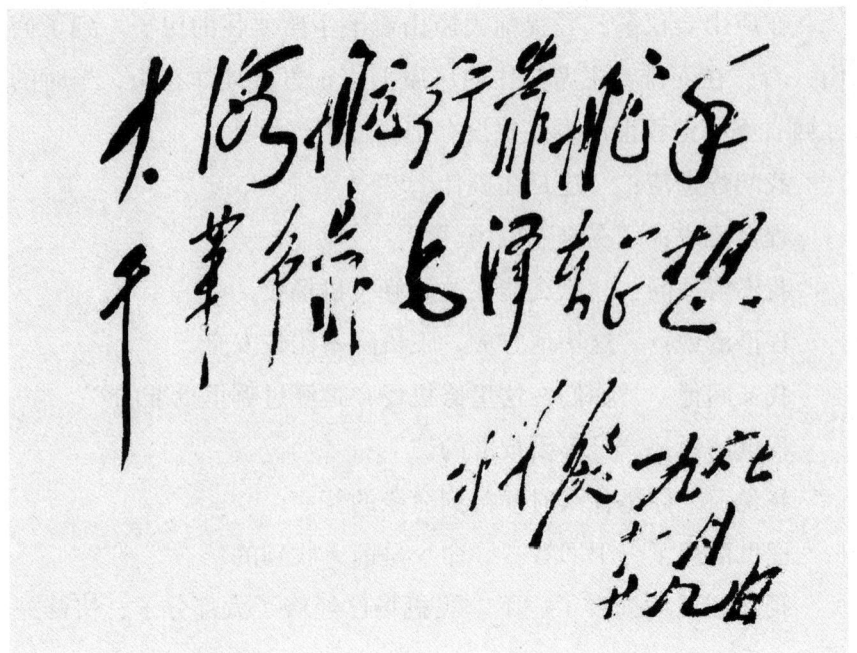

■ 这是林彪制造的"文革"流行语

告了中央吗？黄永胜说，他报告了林副主席。然后，周总理打电话告诉我说，是林副主席批准的。我报告了毛主席。毛主席对我也没说什么，只是点了一下头。

据吴法宪1971年10月21日交代说：1970年5月中旬，有一次我见到林彪时，问他对宪法修改有什么意见，他说主张要设国家主席。不设国家主席，国家没有一个头，名不正言不顺。林彪要我和李作鹏在宪法工作小组会上提出要写上设国家主席。7月，叶群又向吴法宪当面说：如果不设国家主席，林彪怎么办？往哪里摆？很明显，这是示意林彪想当国家主席。

7月中旬，在中央修改宪法的起草委员会开会期间，毛主席得知仍有些坚持设国家主席的意见时，第四次提出不同意设国家主席。他说：设国家主席，那是形式，不要因人设事。

吴法宪还交代：8月初，叶群打电话给我说，林彪的意见还

■ 1967年，毛泽东主席、周恩来总理和林彪。

是坚持要设国家主席，你们应在宪法工作小组里提议写上这一章。8月21日，叶群又私下对吴法宪等人说：设国家主席还要坚持！

8月13日下午，在宪法工作小组会议上，吴法宪同张春桥发生争吵。因为张春桥提出在宪法序言部分，把"天才地、创造性地、全面地"三个副词删去，吴法宪当场尖锐地提出："要防止有人利用毛主席的伟大谦虚贬低毛泽东思想。"在会议中间，吴法宪又秘密地打电话给黄永胜，通报会议上的情况，进行密商。小组会议散后，陈伯达又邀吴法宪到他家里，陈、吴密商后，黄永胜、吴法宪向当时在北戴河的林彪、叶群打了长途电话，报告了情况。叶群告诉吴法宪说：林彪很高兴，说：吴胖子放炮放得好。

8月13日晚和14日下午，叶群分别打电话给陈伯达和黄永胜，要他们准备关于"天才"和"四个伟大"（"伟大导师、伟大领袖、伟大统帅、伟大舵手"——作者注）方面的语录。

在林彪的指挥下，陈伯达、黄永胜、吴法宪、叶群、李作鹏、邱会作等人多次密商，积极策划在九届二中全会上发难。陈伯达

■ 林彪与陈伯达靠得越来越近了

搜集了关于"天才"的材料,找了党的八届十一中全会公报作为依据。林彪布置人给他起草关于宪法问题的讲话提纲;同时又布置林立果组织空军党委办公室的一些人,给他起草在党的九届二中全会上的讲话提纲。

8月20日,林彪、陈伯达、叶群等人带着他们准备好的材料上了庐山,参加党的九届二中全会。

8月25日,庐山开会期间,毛主席在政治局常委和各组组长会议上,再次严肃地说:"设国家主席的问题不要再提了。要我早点死,就让我当国家主席!谁坚持设,谁就去当,反正我不当!"

毛主席还转过脸来对林彪说:"我劝你也别当国家主席。谁坚持,谁去当!"

毛主席意识到林彪有迫不及待夺取党和国家的权力的野心。

二

汪东兴回忆
毛泽东与林彪反革命集团的斗争

林彪想当国家主席

从1970年春天开始，林彪指使人编写《党内两条路线斗争史》，企图全面篡改党的历史，吹捧林彪，为其反党夺权制造舆论。

在庐山召开的党的九届二中全会上，林彪集团阴谋利用召开四届人大和修改宪法之机，妄图实现由林彪担任国家主席的野心。

（一）

1970年8月18日下午2时，我随毛主席乘专列从杭州出发去江西庐山，参加党的九届二中全会，19日到达九江市。我们在九江市下火车后，换乘汽车于当天下午上了庐山。

8月19日、20日、21日，毛主席在庐山看书和休息。

我从19日上庐山后，就投入到九届二中全会的各项准备工作中去了。

8月22日下午2时，在庐山三所毛主席的办公室，召开了中央政治局常委会。毛主席、林彪、周总理、陈伯达、康生出席了会议。我列席这次会议，并作记录。这次会议主要是讨论和确定九届二中全会的议程。

九届二中全会原定有两项议程：一、讨论和修改将要在四届全国人大提出的新宪法草案；二、讨论国民经济的年度计划。在这次中央政治局常委会上，毛主席建议增加一项内容，即谈一谈当时的形势。毛主席说："除了讨论修改宪法、计划问题外，还应该加个形势问题。据我所知，大家有兴趣的问题是形势问题。"

康生说："修改宪法问题搞了很久，宪法委员会也开过第一次会了。全国人民正在讨论宪法修改草案。"

毛主席说："宪法修改草案可以发给大家看。但是大家有兴趣的还是形势问题。"

林彪、周总理、陈伯达、康生都表示同意毛主席的建议，并提议由毛主席讲形势问题。

毛主席说："我主持会议，由总理讲形势吧，修改宪法问题由康生讲。"

康生推辞说："修改宪法问题也由总理一道讲吧。"

毛主席看了康生一眼，然后说："那你们两个人去商量解决好了！"

周总理接着谈计划问题。他说："自今年开了计划会议后，收效较快。五个月以来，全国有一定的生产效率，地方上的积极性大了。"

毛主席说："原来这个下放（指中央把管理经济、管理企业的部分权力及财权、物权、投资权下放给地方。——作者注），讲是讲了。但是他们（指地方——作者注）没有摸到下放的底，交代不那么清楚，这次计划会议解决了。"

周总理接着说："各省、市、自治区不仅仅是农业有了生气，有了发展；而且现在看起来工业形势也好。今年的计划完成的情况和原来预计的差不多，虽然文革的头两年有一点下降。"周总理是说1970年全国国民经济发展的实际水平基本上达到了"三五"计划的原定指标。

毛主席说:"解放以后,统一了全国,出了个南粮北调、北煤南运的问题。解放以前,也存在这个问题,但是我们不知道。不晓得蒋介石统治的时候,煤要不要南运?粮呢,要不要北运?看来,要逐步地解决这个问题。现在南方找到了很多煤矿,北方粮食也逐步自给了。"

周总理说:"人民生活确实是改善了。这种形势,主要是靠毛泽东思想的传播。毛泽东思想传播了,生产和经验也就传播了。"

康生接着说:"哪里的毛主席思想深入了,哪里的工作、生产一定就好了。规律完全是这样的。"

毛主席听了摇摇手,表示不赞成这种说法。毛主席说:"看我们是依靠谁的问题了。有的人依靠专家治厂。工业这方面,我看要依靠专家、科学家,甚至洋专家,除这之外,也还要依靠工人。"毛主席的意思是说,工业上既要依靠专家,包括洋专家,也要依靠工人阶级。

林彪跟着说:"主要是调动全国亿万人民的积极性。"

陈伯达也随声附和说:"我到下边看了一下,形势很好。群众积极性很高,干劲也很大,连中学生都自办工厂。"

谈完经济问题,常委们又议论政治问题。

周总理提出说:"还有党代会的问题。"

康生说:"恐怕有些县、市,甚至有的省、市要开党代会。"

毛主席说:"党代会不仅要从下到上开,有的还要用从上到下的办法开。"

康生说:"这两个办法都可以用。"

周总理分析说:"等到明年九大召开两周年的时候,各省、市、自治区开成党代表大会,我看基本上是可能的。"

毛主席问:"整党,各个地方不是早都开始了吗?这个'吐故'吐得怎么样呀?大概吐得不多吧?对蒋南翔这样的人留下来好。"

周总理回答说："现在挂起来的较多。"

康生补充说："我说'挂故'多。"（1968年毛泽东主席就整党问题讲过要"吐故纳新"。"挂故"是指当时要"处理"的党员干部被"挂"（搁置）起来。——作者注）

毛主席说："你们讲挂起来的多，我看吐得也不少了，还是要以教育为主。"

周总理说："有的人长期挂起来呀？我认为还是下去劳动接触群众比较好。"

毛主席认为会议讨论得差不多了，就说："今天把大会的议程定下来了。会就开到这里吧！"

8月22日晚8时，召开中央政治局扩大会议。参加会议的有中央政治局委员和出席九届二中全会的各大区召集人。周总理、陈伯达、康生传达了中央政治局常委会对九届二中全会议程的安排的讨论意见。

周总理在传达中，还介绍了当时我国经济发展的一些情况。他说有些经济指标的完成情况比文革初期有所下降。这时，江青打断周总理的话，说农业生产没有下降。周总理说：我讲的是工业。当周总理谈到解决南粮北调、北煤南运问题时，康生插话说：日本侵华时，南北交通中断了，那时南粮北调、北煤南运问题是怎样解决的，我们还不知道。

周总理、陈伯达、康生把常委会讨论的情况讲完后，让我作了补充。

（二）

1970年8月23日下午3时，九届二中全会在庐山礼堂开幕。

开幕前，中央政治局常委在礼堂的小会议室集合。毛主席问周总理和康生："你们谁先讲啊？"

毛主席刚说完这句话，林彪突然说："我要讲点意见。"（毛主席于 8 月 31 日写的《我的一点意见》，题目中用"一点意见"，我看就是针对着林彪这里说的"讲点意见"的。——作者注）

林彪提出要讲话后，周总理、康生说："那好吧，你先讲。"

林彪要讲话，讲些什么内容，多数常委事先都不知道。在常委会讨论九届二中全会议程时，林彪并没有说这个问题。

毛主席看了看林彪，说："你们三人讲吧！"

这时，开会的铃声响了，常委们进入会场并在台上就座。毛主席主持开会，周总理宣布全会议程，林彪首先讲话。

林彪一开头说："昨天下午，主席召集了常委会，对这次会议作了重要指示。这几个月来，主席对于宪法的问题和人代会的问题都是很关心的。宪法的修改、人代会的召开问题，都是主席提出的。我认为这很有必要，很合时宜。在国内、国外大好形势下开人代会和修改宪法，对于巩固无产阶级文化大革命的成果，巩固和加强无产阶级专政、反帝反修斗争，对国际共产主义运动，都是有深远影响的。"

林彪在讲完开场白之后，逐渐转入正题。他说："毛泽东同志是当代最伟大的马克思列宁主义者，毛泽东同志天才地、创造性地、全面地继承、捍卫和发展了马克思列宁主义，把马克思列宁主义提高到一个崭新的阶段。……毛泽东同志是代表广大劳动人民的根本利益的，毛主席是我们党、政府、国家、军队的缔造者。……我们有今天的胜利，决定的因素就是毛主席。"

林彪还说："这次我研究了这个宪法草案，表现出这样一个特点，就是肯定毛主席的伟大领袖、国家元首、最高统帅的地位，肯定毛泽东思想作为全国人民的指导思想。这一点非常重

二、林彪想当国家主席

■ 1970年8月23日,中共九届二中全会开幕,毛泽东、林彪、周恩来、康生、陈伯达五位政治局常委在主席台上。

要，非常重要。……毛主席的这种领导可以说是我们胜利的各种因素中间的决定因素。……这个领导地位，就成为国内国外除极端的反革命分子以外，不能不承认的。……我们的工作是前进还是后退，是胜利还是失败，都取决于毛主席在中央的领导地位是巩固还是不巩固。"他强调说："我们说毛主席是天才的，我还是坚持这个观点。……这次宪法里面规定毛主席的领导地位，规定毛泽东思想是领导思想。我最感兴趣的、认为最重要的就是这一点。"

林彪翻来覆去地讲他的这些观点，讲了一个半小时。他显然是有准备的。他讲话时，讲台上放着一个稿子。林彪的讲话，既没有讲形势，也没有讲其他新的问题。虽然台下有热烈的掌声，但我看到坐在台上的毛主席听得越来越不耐烦，明显地表现出不高兴。周总理、康生也表现出着急的神态。陈伯达则听得很认真。

林彪讲完后已经4点半了。毛主席对周总理、康生说："你们讲吧！"语气中流露出不悦的情绪。

周总理见此情况说："计划问题有本子，材料都有，我就不讲了。"

康生也说："宪法说明已印发给大家，不讲了。"

毛主席宣布散会。

这天晚上，周总理主持召开政治局委员和各大区召集人会议，安排会议各组分别讨论宪法和计划问题。吴法宪却在会上说林副主席的讲话很重要，提出要很好学习，要求再播放他的讲话录音，大家附和了。周总理只好根据大家的意见，决定24日上午会议代表听林彪讲话的录音，下午讨论林彪的讲话。

8月24日上午8时，除毛主席、林彪之外，参加九届二中全会的全体人员在庐山礼堂开大会，听林彪讲话的录音。会议由我

二、林彪想当国家主席

主持,周总理、陈伯达、康生都参加了。录音播放了两遍,11点半才散会。

在播放录音的过程中,有人提议将林彪的讲话稿印发给大家,到会的人都鼓掌,表示支持。周总理要我去请示毛主席。

散会后,我报告毛主席了。毛主席说:"他们都同意印发,我没有意见,你就印发吧!"毛主席还嘱咐说:讲话稿要由林彪审定后发。

我将毛主席的指示立即用电话报告了周总理。周总理说:"你抓紧办理,先印出清样,送常委审阅。"

我让王良恩去林彪处取讲话稿,他没有拿来,25日又去拿,还是没有拿来。

24日上午散会时,陈伯达在礼堂门口塞给我一份材料,他对我说:"这份材料请打印5份。"

我问:"你是要发给常委吗?"

他说:"是。"

■ 林彪和他的"四大金刚"黄永胜(右二)、吴法宪(左二)、李作鹏(左一)、邱会作(右一)在一起。

我一看要打印的材料是几条语录。我考虑常委看完后，可能要发给政治局委员，就交代会议秘书处打印 20 份。

陈伯达要打印的几条语录如下：

恩格斯、列宁、毛主席关于称天才的几段语录

一、恩格斯称马克思为天才

恩格斯称赞马克思写的《路易·波拿巴特政变记》一书为："这是一部天才的著作。"

卡·马克思著《路易·波拿巴特政变记》中弗·恩格斯为本书德文第三版作的《序言》《马克思恩格斯文选》第 221 页

二、列宁称马克思、恩格斯为天才

1."当你读到这些评论的时候，就会觉得自己好像是在亲自听取这位天才思想家讲话一样。"

《卡·马克思致路·库格曼书信集俄译本序言》《列宁选集》第一卷第 769 页

2."马克思的全部天才正在于他回答了人类先进思想已经提出的种种问题。"

《马克思主义的三个来源和三个组成部分》《列宁选集》第二卷第 378 页

3."马克思的天才就在于他最先从这里得出了全世界历史提示的结论，并且一贯地推行了这个结论。这一结论就是关于阶级斗争的学说。"

《马克思主义的三个来源和三个组成部分》《列宁选集》第二卷第 382 页

4. 列宁在《预言》一文中，在引用了恩格斯谈到未来世界大战时所说的一段话后，赞扬恩格斯："这真是多么天才的预见！"

《列宁选集》第三卷第 593 页

5."在现代社会中,假如没有'十来个'富有天才(而天才人物不是成千成百地产生出来的)、经过考验、受过专门训练和长期教育并且彼此能够很好地互相配合的领袖,无论哪个阶级都无法进行坚持不懈的斗争。"

《怎么办?》《列宁选集》第一卷第 422 页

三、毛主席称马、恩、列、斯为天才

"马克思、恩格斯、列宁、斯大林之所以能够作出他们的理论,除了他们的天才条件之外,主要地是他们亲自参加了当时的阶级斗争和科学实验的实践,……"

《实践论》《毛泽东选集》第 264 页

8 月 24 日下午,各组讨论林彪的讲话。陈伯达、吴法宪、叶群、李作鹏、邱会作分别在各组带头发言。他们在同一时间,引用同样的语录,按照事先商量好的统一口径,大肆煽动。

下午 3 点钟,陈伯达到华北组参加讨论。他到会场时,有一位同志正在发言。主持人打断了这位同志的发言,请陈伯达先讲。陈伯达说:"我完全拥护林副主席昨天发表的非常好、非常重要、语重心长的讲话。林副主席说,这次宪法中肯定毛主席的伟大领袖、国家元首、最高统帅的地位,肯定毛泽东思想作为全国人民的指导思想。这一点非常重要,非常重要。写上这一条是经过很多斗争的,可以说是斗争的结果。……现在竟然有人胡说'毛泽东同志天才地、创造性地、全面地继承、捍卫和发展了马克思列宁主义,把马克思列宁主义提高到一个崭新的阶段,这些话是一种讽刺。……有人利用毛主席的谦虚,妄图贬低毛泽东思想。……有的人说世界上根本没有天才,但是他认为他自己是天才。我们知道,恩格斯多次称马克思是伟大的天才,他的著作是天才的著作。列宁多次称赞马克思是天才。斯大林也称马克思、列宁是天才。我们也称过斯大林是天才。否认天才，是不是要把马克思、列宁全盘否定呢？更不用说要把当代最伟大的天才一笔勾销。我看这种否认天才的人无非是历史的蠢才。"他在插话中还说："有的反革命分子听说毛主席不当国家主席，欢喜得跳起来了。"

当时我也参加华北组的讨论。陈伯达讲的一口福建话，别人听不懂，能听懂的同志替他作翻译。他讲到"欢喜得跳起来了"时，还动手动脚地比划着。

叶群在中南组发言说："林彪同志在很多会议上都讲了毛主席是最伟大的天才。说毛主席比马克思、列宁知道的多、懂得的多。难道这些都要收回吗？坚决不收回，刀搁在脖子上也不收回！"

吴法宪在西南组发言说："这次讨论修改宪法中有人对毛主席天才地、创造性地、全面地继承、捍卫和发展了马列主义的说法，说'是个讽刺'。我听了气得发抖。如果这样，就是推翻八届十一中全会，是推翻了林副主席的《毛主席语录》再版前言中肯定下来的，怎么能不写呢？不承认，就是推翻了八届十一中全会的决议，推翻了林副主席写的《再版前言》。……关于天才的说法，马克思、恩格斯、列宁、斯大林都有过这样的论述。毛主席对马克思和列宁也都有过这样的论述。林副主席关于毛主席是天才的论述，并不是一次，而是多次（接着，他念了毛主席、林彪以及马、恩、列、斯有关天才的语录）。大家听听这些语录，怎么能说没有天才呢？……要警惕和防止有人利用毛主席的伟大谦虚来贬低伟大的毛泽东思想。"

李作鹏在中南组发言说："本来林副主席一贯宣传毛泽东思想是有伟大功绩的，党章也肯定了的，可是有人在宪法上反对提林副主席。所以党内有股风，是什么风？是反马列主义的风，是

二、林彪想当国家主席

■ 林彪反革命集团中的李作鹏（左）、吴法宪（中）、邱会作在九届二中全会期间的合影。

反毛主席的风，是反林副主席的风。这股风不能往下吹。有的人想往下吹。"

邱会作在西北组发言说："对毛主席思想态度问题，林副主席说'毛主席是天才，毛泽东思想是全面继承、捍卫和发展了马克思列宁主义'。这次他仍然坚持这个观点。为什么在文化革命胜利、二中全会上还讲这问题？一定有人反对这种说法，有人说天才地、创造性地、全面地继承、捍卫和发展马克思列宁主义是一种讽刺，就是把矛头指向毛主席、林副主席。"

黄永胜那时虽然留在北京，但他也准备好了与他们一样内容的书面发言稿。

陈伯达在华北组煽动性的发言，使不明真相的人都激动起来。陈伯达讲完后，其他一些同志纷纷发言表态，都建议在新宪法中恢复设国家主席一节，赞成毛主席当国家主席。我在会上也发了言。我当时没有识破陈伯达的阴谋，在发言中，表示拥护林彪的讲话，还说"中央办公厅机关和八三四一部队讨论修改宪法时的意见，热烈希望毛主席当国家主席，林副主席当国家副主席"，"建议在宪法中恢复'国家主席'一章。这是中央办公厅机关的愿望，是八三四一部队的愿望，也是我个人的愿望。"

当时，我的情绪也比较激动，把毛主席多次向中央提出的在宪法中不设国家主席的建议忘得一干二净了。

本来，毛主席关于不设国家主席一职的一系列指示，我是很清楚的，有的指示还是我传达的。但是，我当时没有看出林彪、陈伯达等人积极主张设国家主席的险恶用心。在华北组的讨论会上，我一听陈伯达的发言就激动起来，没有认真分析考虑修改宪法时毛主席讲不设国家主席的意见的实质，更不顾自己的身份，以极不慎重的态度，说了一些不该说的话。

24日晚上，各组的发言情况汇总反映上来了。我一看，有几个人在发言中已经引用了陈伯达交给我要求印发给常委的语录。我马上打电话把这个情况向周总理作了报告，并且请示说陈伯达要打印的语录还没有发，怎么办。周总理在电话中说：这个语录不能发，封存吧。我马上将陈伯达提供的打印语录的原稿和已印刷出来的20份语录全部封存了。

二、林彪想当国家主席

24日以后,部分中央委员和候补中央委员代表所在省、市、自治区联名写信给毛主席和林彪,表态支持拥护毛主席当国家主席。他们中的有些人是受了陈伯达、吴法宪、叶群、李作鹏、邱会作在各个小组的煽动性的发言的影响,上当受骗了。

8月25日上午,全会第六号简报(即华北组第二号简报)印出来了。这个简报反映陈伯达讲话的内容不多,却把别人发言的内容与我发言的内容混在一起,以我的名义大量刊登了出来。这个简报印前没有给我看。这个简报印发后,显然产生了极不良的影响。

这天吃中午饭时,毛主席叫人通知我去,我赶紧吃完饭就去了。

毛主席问我:"看到六号简报了吗?"

我说:"刚看到。"我是在来的路上才看到的。

毛主席说:"他们(指江青、张春桥、姚文元——作者注)已经来过了。他们说六号简报影响很大。"

毛主席接着严厉地说:"你汪主任了解我不当国家主席的意见,还派你回北京向政治局传达过,你怎么又要我当国家主席呢?"

我说:"我听陈伯达发言说,有人听到毛主席不当国家主席就欢喜得跳起来,我很气愤。"

毛主席严肃地说:"那就让他们去高兴吧!"

我说:"在群众讨论修改宪法时,大家都拥护你当国家主席。"我还拿群众的意见作辩解。

毛主席严厉地说:"不当国家主席,就不代表群众吗?你强调群众拥护,难道我不当,群众就不拥护了?我就不代表群众了吗?"

听了毛主席的这些话,我当时非常难受,感到辜负了毛主席对我的教导和信任。

谈完话，时间已到下午2时了，毛主席要我马上通知政治局常委及政治局委员3时到牯岭毛主席办公处开会。我通知了林彪、周总理、陈伯达和康生，其他的政治局委员是由中央办公厅负责通知的。

林彪、周恩来、陈伯达、康生来后，毛主席分别同他们谈了话。

毛主席还与许世友谈了几句话。当时，毛主席在院子里，许世友来了。毛主席与他握手时说："你看，我这个手凉不凉？"

许世友说："凉。"

毛主席说："你们让我多活几年多好啊！还让我当主席呀？"

毛主席与政治局常委商谈后，对来开会的政治局委员们宣布说："刚才，政治局常委商量，认为小组讨论的问题不符合全会原定的三项议程，决定收回六号简报。"

当晚，周总理主持召开各大组召集人的会议，传达了中央政治局常委会的决定。

8月26日，各组传达关于暂停开小组会的决定。

这时，叶群、李作鹏在中南组，吴法宪在西南组，邱会作在西北组，都开始收回有他们发言的记录稿，已经写成的简报稿子也不让送了。叶群私自跑到简报组，撕毁了她在中南组发言的记录。邱会作也要回记录，剪去了他发言的那部分内容。迟上庐山的黄永胜，见"形势"不妙，也销毁了他事先准备的发言稿。这些情况由各小组反映上来后，我报告了毛主席、周总理。毛主席笑着说："何必当初呢！当初那么积极，那么勇敢，争着发言。今天又何必着急往回收呢！"

毛主席和我谈话后，我认识到自己犯错误了，就考虑写检查报告。周总理也提出这个问题，他说，你争取第一个检查吧。8

二、林彪想当国家主席

■ 毛泽东主席和林彪在九届二中全会上

月27日,我写好了第一份书面检查,检讨了建议毛主席当国家主席的做法、言论是"我没有听毛主席的话,我干扰了毛主席的伟大战略部署,也违反了政治局会议的意见,这是无组织无纪律的行动。我的内心极感沉痛"。并表示要"接受这次教训,好好学习毛泽东思想,坚决听毛主席的话,谦虚谨慎,戒骄戒躁,提高觉悟,坚决执行毛主席在'九大'提出的方针——团结起来,争取更大的胜利!"我感到第一次的检查还不深刻,认识也是初步的,当时我对许多现象的本质问题都还没有认识清楚。毛主席看过我的书面检讨后,说这个检讨书可以发到全会上。我还按照毛主席的要求,在华北组讨论会上做了一次口头检查,内容和书面检讨的差不多。我的检讨书,经周总理批阅修改后印发了。

（三）

8月26日到30日的五天，毛主席和中央政治局常委分别找人谈话。各小组暂停开会后，宣布大家分头看文件、修改宪法，还安排了游庐山、看电影和看戏。

8月26日和27日，周总理、康生找吴法宪、李作鹏、邱会作谈话，并要吴法宪做检讨。吴法宪很紧张，于8月28日晚上偷偷报告了林彪。林彪不仅没让吴法宪收敛，反而鼓动说："你没有错，不要做检讨。"叶群还几次打电话安抚吴法宪说："你犯错误不要紧张，还有林彪、黄永胜在嘛！只要不牵涉到他们二人就好办，'大锅里有饭，小锅里好办'。"

8月31日，毛主席针对林彪等人的活动情况，发表了《我的一点意见》一文。这篇重要文献在印发给参加全会的同志前，毛主席还给林彪看过。毛主席在文中写道：

> 这个材料（指《我的一点意见》所附《恩格斯、列宁、毛主席关于称天才的几段语录》——作者注）是陈伯达同志搞的，欺骗了不少同志。第一，这里没有马克思的话。第二，只找了恩格斯一句话，而《路易·波拿巴特政变记》这部书不是马克思的主要著作。第三，找了列宁的有五条。其中第五条说，要有经过考验、受过专门训练和长期教育，并且彼此能够很好地互相配合的领袖，这里列举了四个条件。别人且不论，就我们中央委员会的同志来说，够条件的不很多。例如，我跟陈伯达这位天才理论家之间，共事三十多年，在一些重大问题上就从来没有配合过，更不去说很好的配合。……这一次，他可配合得很好了，采取突然袭击，煽风

二、林彪想当国家主席

点火，惟恐天下不乱，大有炸平庐山，停止地球转动之势。我这些话，无非是形容我们的天才理论家的心（是什么心我不知道，大概是良心吧，可决不是野心）的广大而已。至于无产阶级的天下是否会乱，庐山能否炸平，地球是否停转，我看大概不会吧。上过庐山的一位古人说："杞国无事忧天倾"，我们不要学那位杞国人。最后关于我的话，肯定帮不了他多少忙。我是说主要地不是由于人们的天才，而是由于人们的社会实践。我同林彪同志交换过意见，我们两人一致认为，这个历史学家和哲学史家争论不休的问题，即通常所说的，是英雄创造历史，还是奴隶们创造历史，人的知识（才能也属于知识范畴）是先天就有的，还是后天才有的，是唯心论的先验论，还是唯物论的反映论，我们只能站在马、列主义的立场上，而决不能跟陈伯达的谣言和诡辩混在一起。同时我们两人还认为，这个马克思主义的认识论问题，我们自己还要继续研究，并不认为事情已经研究完结。希望同志们同我们一道采取这种态度，团结起来，争取更大的胜利，不要上号称懂得马克思，而实际上根本不懂马克思那样一些人的当。

毛主席在《我的一点意见》中，严厉批判陈伯达，彻底揭穿了陈伯达搞政治欺骗和阴谋行径的真实面目，这实际上也是对林彪一伙的致命打击。

9月1日，中央政治局和各大组召集人开会。毛主席在会上指出：凡是在这次庐山会议上发言犯了错误的人，可以做自我批评、检查。当时毛主席点了陈伯达的名字，要他做检查。毛主席还要林彪召集吴法宪、叶群、李作鹏、邱会作这些人开会，听他们的检查。

9月2日,林彪召集陈伯达、吴法宪、叶群、李作鹏、邱会作开会,我也参加了。此时毛主席让我参加这个会有两个目的:一是了解一些情况,因为他们这些人是不会把情况全部如实地汇报给毛主席的;二是我在华北组也发了言,也要接受批评、受教育。

会议开始时,林彪说:"今天,找你们开个会。你们在会上

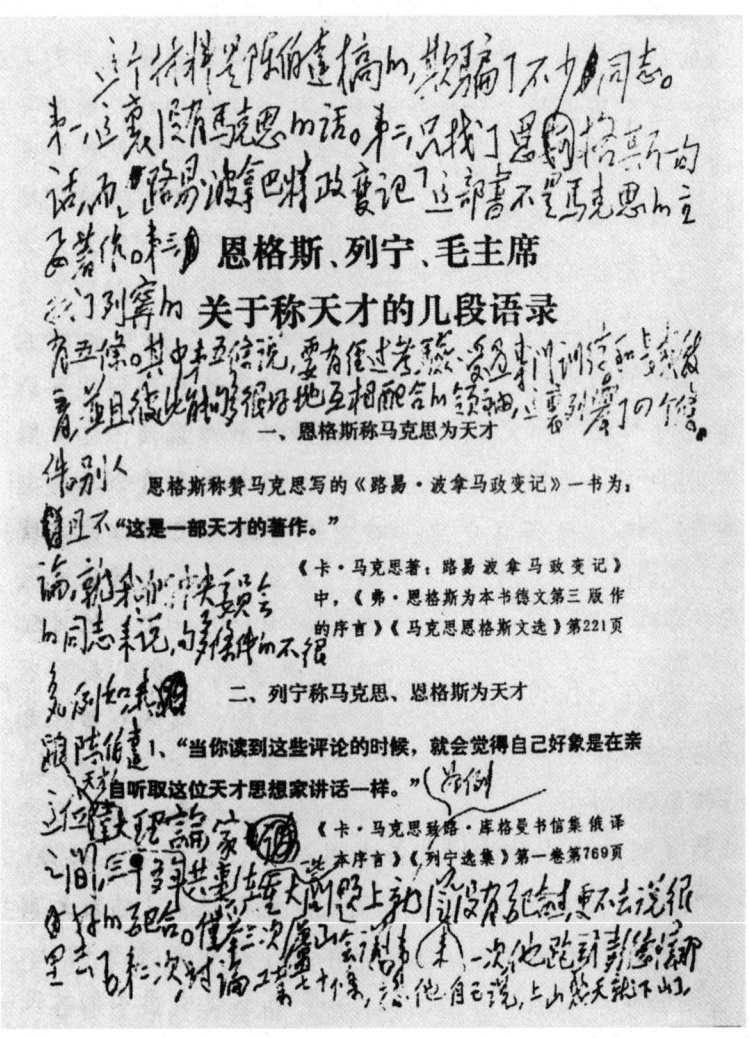

■ 毛泽东的《我的一点意见》手迹

为什么要在同一个时间发言，为什么都引用了同样的语录。你们要坦白，要交代。"

林彪讲完后，到会的人都不发言，有的翻材料，有的喝水。过了一段时间，林彪又说："嗯，为什么没有人发言？"这时，我发了言，批判了陈伯达。我指出，华北组的讨论就是陈伯达放炮后搞乱的。林彪听了，表情很尴尬。我发言后，其他一些人七嘴八舌地讲了一些。会议很快就散了。

散会后，我向毛主席汇报了情况。我讲完林彪召集开会的情况后，毛主席哈哈大笑，问我会还开不开？我说：林彪打了个招呼，说再开会就通知，不通知就不去了。

9月3日，林彪又开了一次会，没有通知我去参加。直到九届二中全会散了，也没有通知我去参加他们的会议。毛主席知道后说："不要你了。说明你不是那个圈子里的人。"

9月2日以后，各小组就开始集中批判陈伯达。在华北组，我按毛主席的指示做了检讨以后就请假了，没有再去参加会议。

9月4日，毛主席找林彪谈话。

9月5日上午，毛主席找陈伯达谈话。下午，毛主席和周总理及康生谈了如何结束会议等问题。

9月6日，全会基本上通过了《中华人民共和国宪法修改草案》；通过了向全国人民代表大会常务委员会提出的关于在适当的时候召开四届全国人大的建议；批准了国务院关于全国计划会议和1970年度国民经济计划的报告；批准了中央军委关于加强战备工作的报告。

9月6日下午，九届二中全会闭幕。在闭幕会议上，毛主席对党的路线教育问题、高级干部的学习问题、党内外团结问题，发表了重要的意见。

毛主席在讲到高级干部要读马、列的几本书的问题时说：

"现在不读马、列的书了，不读好了，人家（指陈伯达——作者注）就搬出什么第三版（指陈伯达编印的《恩格斯、列宁、毛主席关于称天才的几段语录》中收了恩格斯为马克思《路易·波拿巴特政变记》德文第三版所作的序言中的话。——作者注）呀，就照着吹呀，那么，你读过没有？没有读过，就上这些黑秀才的当。有些是红秀才哟。我劝同志们，有阅读能力的，读十几本，增加对唯物论、辩证法的了解。……要读几本哲学史，中国哲学史，欧洲哲学史。一讲读哲学史，那可不得了呀，我今天的工作怎么办？其实是有时间的。你不读点，你就不晓得。这次就是因为上当，得到教训嘛，人家是哪一个版本，第几版都说了，一问呢？自己没有看过。"

毛主席在讲到庐山会议这场斗争时，批评林彪一伙"大有炸平庐山、停止地球转动之势"，说："庐山是炸不平的，地球还是照样转。极而言之，无非是有那个味道。我说你把庐山炸平了，我也不听你的。""你就代表人民？我是十几年以前就不代表人民了。因为他们认为，代表人民的标志就要当国家主席。我在十几年以前就不当了嘛，岂不是十几年以来都不代表人民了吗？我说，谁想代表人民，你去当嘛，我是不干。你把庐山炸平了，我也不干。你有啥办法呀？"

毛主席在强调搞好党内外团结的问题时说："不讲团结不好，不讲团结得不到全党的同意，群众也不高兴。……所谓讲团结是什么呢？当然是马克思列宁主义基础之上的团结，不是无原则的团结。提出团结的口号，总是好一些嘛，人多一点嘛。包括我们在座的有一些同志，历来历史上闹别扭的，现在还要闹，我说还可以允许。此种人不可少。你晓得，世界上有这种人，你有啥办法？一定要搞得那么干干净净，就舒服了，就睡得着觉了？我看也不一定。到那时候又是一分为二。党内党外都要团结大多

二、林彪想当国家主席

数，事情才干得好。"

周总理、康生在闭幕会上也讲了话。会上，中央还宣布了对陈伯达进行审查的决定。

9月7日，林彪、叶群下庐山了。黄永胜、吴法宪、李作鹏、邱会作去九江机场送他们。在叶群的导演下这些人还在一起照了集体像。这实际上是表示他们的团伙要抱得更紧密。林彪走后，黄永胜等人也很快离开了庐山。

9月8日，各省、大军区的负责人都走了。

9月9日上午，周总理、康生、张春桥、江青等人走了。

这次全会后期，我主要是抓了对毛主席的安全保卫工作和会议的收尾工作。

散会后，全会服务人员要求毛主席接见，同毛主席合影。9

■ 在九届二中全会上，当宣布对陈伯达进行审查时，会场的气氛顿时严峻起来。

月9日下午2时，毛主席接见了为全会服务的会务人员。因为那天下雨，安排在庐山礼堂接见。后来雨停了，就改在室外，用夹道欢送的形式接见。照完像后，我们就同毛主席一起下了庐山。

党的九届二中全会，以林彪集团的失败而告终。但是林彪一伙并不甘心这次失败。

三

汪东兴回忆
毛泽东与林彪反革命集团的斗争

"读点马列主义的书"

党的九届二中全会以后，全国开展批修整风运动，毛主席提出在全党、全军进行一次思想和政治路线方面的教育，特别是要求党的高级干部认真学习马列主义，提倡辩证唯物论和历史唯物论，反对唯心论和形而上学。同时，毛主席本着"惩前毖后，治病救人"的一贯方针和"团结——批评和自我批评——团结"的原则，要求正确对待犯错误的同志，统一全党、全军的思想和认识。

9月9日我们下庐山后，毛主席的专列先到长沙，毛主席与华国锋同志在车上谈了话。专列停在支线休息，于15日到武昌。

在去武昌的路上，毛主席亲切地问我："你在想什么？"

我说："我在想自己在庐山会议上的问题。"

毛主席高兴地说："这好嘛！"

我说："在山上开会，忙于会务，没有时间想自己的问题。现在有空闲时间了，可以好好地理理自己的思想了。"

毛主席对我的态度比较满意。他说："这样好，想到什么就说什么。你的心是好心。"

9月15日，专列抵达武昌。送毛主席到东湖宾馆住下。安顿好后，我就考虑根据自己新的认识，再写一份检查。到了晚上，我的检查写好了，呈送给毛主席。

三、"读点马列主义的书"

毛主席的《我的一点意见》，已经点了陈伯达的名，对陈伯达的错误作了深刻的分析和批判，所以，我对自己错误的性质的认识又提高了一些。在这次的检查中，我也批判了陈伯达。

现将我第二次书面检讨的主要内容抄录如下：

主席：

我这次犯了严重的错误，除了在中央政治局扩大会上的两次检查和一次书面检讨外，最近经主席多次谈话，对我进行严格的批评和亲切的教育。每次谈话对我启发很大，教育很深，我越想越难受，总觉得对不起主席，对不起党中央，对不起受误会的同志，我真是辜负了主席的信任和教育，干扰了主席的战略部署，这是有罪的，我应牢记这次教训，努力改正错误。

我完全拥护主席《我的一点意见》的英明指示。在这指示以前，我没有识破陈伯达。他的手段特别阴险、恶毒，利用九届二中全会搞突然袭击，造谣和诡辩，欺骗不少同志。他打着论天才的旗号，其实要达到不可告人的目的，要夺毛主席的权，实行资产阶级专政。这次把陈伯达揪出来，使党更加团结，更加纯洁，更加巩固了，这是毛泽东思想的伟大胜利！

我在九届二中全会中前三天被陈伯达利用欺骗有三件事：（一）在华北组他突然地又是有计划的发言，利用我的无能，而心情非常激动，又不加分析，更不顾自己的身份，就起来发言，结果当了陈伯达坏人的炮手。（二）我怀疑陈伯达事先看过修改过华北组的简报，他利用简报来扩大到各组煽动欺骗人。我建议中央派人追查陈伯达，事先是否看过修改过这期简报，这期简报发出最早最快，而且简报内容中他的很少，我的很多。我看有阴谋，有鬼。（三）陈伯达利用听林副主席录音报告时，把论天才的语录交我打印五份（当时我交代打印二十份，准备政治局同志要时免得再打印），现在看来是陈伯达的阴谋诡计，可能是要我发言时引用，结果未得逞。

由于我的世界观没有改造好，存在着个人主义，骄傲自满思想，有主观片面性，遇事易激动，缺乏冷静的考虑分析问题，再加上文化理论水平低，路线斗争觉悟不高，警惕坏人破坏中央团结不够，平常学用毛泽东思想不好，因此，遇到陈伯达这样的阴谋家、野心家，我不仅没有识破，反而受他蒙蔽利用了。

这次我所犯错误是严重的，是路线的错误，对我触动很大，教育很深，我应很好地接受这次教训。今后要活学活用毛泽东思想，特别要认真学习毛主席的哲学著作。通过学习提高认识，提高两条路线斗争的觉悟，在实际工作中，努力锻炼自己，谦虚谨慎，戒骄戒躁，切实改造世界观。上述认识是否妥当，请指示。

敬礼

汪东兴
1970年9月15日

毛主席看过我的第二次书面检查后，表示满意，在我写给他的信上面用铅笔作了批示："此件请汪东兴同志面交林、周、康及其他有关同志一阅，进行教育，详由东兴面谈。"在第一页信纸的左右空白处又写道："陈（即陈伯达——作者注）案另是一个问题，应弄清楚。"

9月16日上午10点半，毛主席让吴旭君（毛主席的护士

三、"读点马列主义的书"

长——作者注）通知我去谈话。这次谈话一直谈到 11 点 50 分。

毛主席说："你写的信我看过了，信中对问题的认识很好，接受教训。我看有些同志还不通，上了当，还不通？现在不通，慢慢总要通嘛！有些同志自己不懂马列主义，自己都没有看过马列主义这一方面的书，发言时又要引用。我看还是要进行教育，还是要 250 多人（指中委、候补中委——作者注）中指定读点马列主义的书，30 多本太多，可在 30 本书内选些章节出来。此事请总理、康老办。我还可以提选一些。不读马列主义怎么行呢？不行的。结果就被陈伯达摆弄了。"

在谈到军委办事组时，毛主席说："我们军委办事组内有几位同志也上当了。发言时，一个口径，用一样的语录，连林彪也受他们的骗。据说他要写信给我，叶群和他们（指黄永胜等人——作者注）不让写。我劝林应好好地想一想，表一个态嘛！今天未想通，待想通后表态也可以。"

在谈到陈伯达的问题时，毛主席说："我们的任务是对付帝、修、反。而陈伯达不管帝、修、反。我写了一份七百字的意见，给陈看时，他马上说他与苏修无关系。我又不是问他这事，他急着声明这个问题。"

在谈到九届二中全会的六号简报时，毛主席说："六号简报要抓紧核实，你怀疑陈伯达看过、改过，应找会议主持同志，还有王良恩同志和记录印发的人。为什么不经你看过，发出最早最快？由总理、康生和你一起查实为好。要他们不要再上陈伯达的当了，有错误就改正。"

毛主席一面抽着烟，不时地呷口茶，一面和我慢慢地谈着。

他问我："你说他们（指吴法宪、叶群、李作鹏、邱会作——作者注）在各组一起动作，煽动，他们几个，还有黄永胜报名要发言（会议期间，黄永胜留在北京，但他准备了书面发言稿。——作者注），都用了语录，但他们的简报未发，一说不行了，记录就收回，这当中好像是有点名堂，你清不清楚？"

我摇了摇头，说："我不清楚。"

毛主席接着说："你跟我出来了，他们在北京是否在陈伯达处商量过？"

我又摇了摇头，说："不清楚。"

毛主席若有所思地说："谁知陈伯达住在何处有何活动？谁能知道？陈伯达案另办，与你们好人犯错误不同。"

毛主席说："我在简报上看到，皮定均同志在发言中说，怀疑他们都在24日下午发言，是统一部署的。"

毛主席还要我找曾思玉单独谈一下，征求一下他有什么看法。

在谈话中，毛主席提出要我先回北京。

他说："你先回去，让总理和康生召集会议，把你给我的信给他们看，传达我对你的信的批示及我今天谈话的内容，争取犯错误的人早点觉悟。"

毛主席还说："你这封信可以启发他们，让他们也可以写或找我来谈。"

出于对毛主席安全的考虑，我说："我的意见，我们还是一起回北京。我的那封信可以叫通讯员先带回去。"

但是，毛主席还是坚持要我乘送文件来的飞机先回北京。他说："早一天回去，让他们早一点觉悟也好嘛。"

这样，我只好准备第二天早上先飞回北京去了。

16日下午，我去找当时任武汉军区司令员的曾思玉聊了两个小时，他还陪我吃了晚饭。谈起庐山会议，曾思玉同志说："当时我是一盆浆糊，弄不清楚。"

我笑着问："现在你还是一盆浆糊？"

三、"读点马列主义的书"

他说："开始我脑子是一盆浆糊，毛主席发表《我的一点意见》后，通过学习，慢慢地了解了。"

我诚恳地说："庐山会议上我也犯了错误。"

他说："中南组也是紧张的，说有人要推翻毛主席，打倒毛主席，有人要夺毛主席的权。叶群发言就是这样讲的，她还说毛主席是天才没有错。"

我讲自己的看法："毛主席的天才是从实际中学的，是靠看书学习，天才不完全是先天的，天才主要是后天的。我们过去认识不清，现在才有所认识。"

曾思玉说："那几个副词，我也是同意的。毛主席在'九大'报告中把它去掉了，我未听进去，总觉得这是毛主席的谦虚。"

我和曾思玉谈话中，互相交换了一些思想认识。

晚饭后，我向毛主席辞行。毛主席已经休息了，我就没有打扰他。午夜12点钟吃过夜餐后，我上床休息。到了凌晨4点钟左右，护士长吴旭君来敲我的门，我正要起身开门，吴旭君说不用开了。她从门缝塞进来一张纸条，并且告诉我说："你不要起来了，看一看条子就行了。"我捡起条子见上面写着："主席讲，你不要走了，一齐走。"这样，我就又回到床上睡觉。

不久，我陪同毛主席一起回北京。当专列走到石家庄时，我将曾思玉同我谈话的情况报告了毛主席。我对毛主席说，曾思玉是老实人，他的态度是好的，有什么谈什么，只是水平与我差不多，我想曾思玉慢慢会通的。

毛主席听后"嗯"了一声，没有说什么。

毛主席回到北京以后，继续做黄、吴、叶、李、邱等人的工作，并将我于9月15日写给他的信和他的批示在政治局作了传达。

吴法宪看到我的书面检讨和毛主席的批示后，于9月29日第一次写出了书面检讨。在这份检讨中，吴法宪承认"犯了严重的错误，干扰了主席，干扰了主席亲自主持的二中全会"，并带着"最沉痛的心情向主席检讨认错"。可是，他在检讨中把自己说成是"上了大坏蛋陈伯达的当"，是自己"政治上极端幼稚"的表现。

我把吴法宪的这份检讨书送给了毛主席。毛主席看后，在10月14日作了批示："此件已阅。我愿意看见其他宣讲员的意见。"主席还在吴法宪的检讨书上写了许多批语。

吴法宪在检讨书中讲到他在庄严的二中全会上，在关系全局性的原则问题上，事先没有请示政治局的同志，更未向主席、林副主席请示报告。毛主席在这段文字下边画了一道杠，又在旁边写道："作为一个共产党人，为什么这样缺乏正大光明的气概。由几个人发难，企图欺骗二百多个中央委员，有党以来没有见过。"

在吴的检讨书中讲他自己的发言"不从全局考虑，不顾影响，不考虑后果，这是极不严肃、极不慎重的不负责任的态度"这段话的下边，毛主席画了一道杠，在旁边写着："这些话似乎不真实。"

在吴法宪谈到陈伯达是"大野心家、大阴谋家、反党分子"这句话的下边，毛主席画了一道杠，在旁边写道：陈伯达"是个可疑分子。我在政治局会议上揭发过，又同个别同志打过招呼"。

吴法宪交代8月23日晚12点前后，陈伯达来找他和李作鹏、邱会作，谈到过关于"天才"方面的问题。毛主席在这段话下边也画了一道杠，在旁边写道："办事组各同志（除个别同志如李德生外）忘记了'九大'通过的党章，林彪同志的报告，又找什么天才问题，不过是一个借口。"

三、"读点马列主义的书"

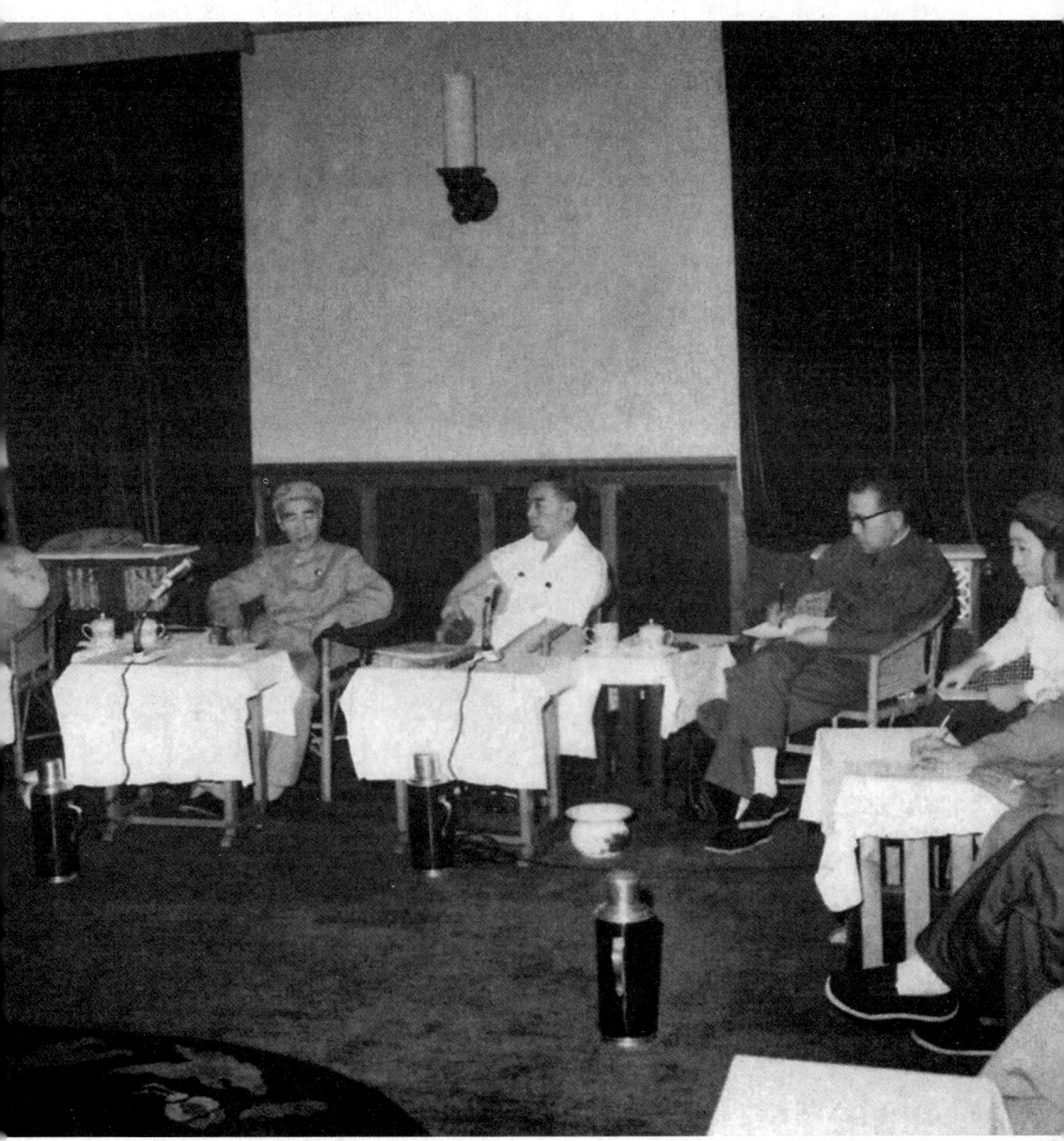

▇ 九届二中全会期间一次小组会

当毛主席看到吴的检讨书写到"他（指陈伯达——作者注）还说，主席也批评了你们，我们问他主席批评了什么，他不肯说，……说话神态异常，说时支支吾吾"时，毛主席在旁边批示："无非是想再骗你们一次，企图挽救他自己。"

吴法宪的检讨书中揭发8月27日晚上12点以后，陈伯达来问他讲没讲过"有人利用伟大领袖毛主席的伟大谦虚，贬低毛泽东思想"这句话，毛主席在"伟大谦虚"四个字下边画了一道杠，在旁边写道："什么伟大谦虚，在原则性问题上，从来没有客气过。要敢于反潮流。反潮流是马列主义的一个原则。在庐山我的态度就是一次反潮流。"

吴法宪提到陈伯达8月27日晚上核对上面那句话时，看到陈的发言稿上有"中央委员会也有斗争"一句话，吴法宪认为这是"造谣"。毛主席在"中央委员会也有斗争"这九个字下边画了一道杠，在旁边写道："这句话并没有错，中央委员会有严重的斗争，有斗争是正常生活。"

当毛主席看到吴的检讨书中写道"……他只参加过两次会，也没有提出什么意见，怎么能这样做，并且告诉秘书不要答复他"这句话时，在旁边批道："这样对。"

10月12日，叶群也向毛主席交出了第一次书面检讨。承认"我犯了严重错误，干扰了主席，干扰了中央和到会同志，……心情是沉重的"。说毛主席国庆节在天安门城楼上对她的谆谆教导，使她受到极大的启发和教育。但叶的检讨书中把她的问题说成是上了陈伯达的当，自己在九届二中全会上发言的"动机是出于对主席和主席思想的热爱，但效果是很不好的"。10月15日，毛主席看了叶群的检讨，并作了批示："此件已阅。"并在装检讨书的信封上批示："林、周、康及其他有关同志阅后退中办存。"

三、"读点马列主义的书"

叶群在检讨书中说，她"这次犯的错误是严重的是路线性的"。毛主席在"路线性"三个字下边画了一道杠，在旁边写了一句："思想上政治上的路线正确与否是决定一切的。"

叶群在检讨书中谈到她在北戴河时，连续接了几个这方面反映情况的电话，而她没有注意核实情况时，毛主席在旁边写道："爱吹不爱批，爱听小道消息，经不起风浪。"

叶群在检讨书中引用毛主席讲过的话"一切结论产生于调查情况的末尾，而不是在它的先头"。毛主席在这句话下边划了一道杠，并在旁边批道："这是马克思的话，我不过复述一遍而已。"

叶群在讲到林彪要写信给毛主席，她出来劝阻，结果帮了倒忙时，引了毛主席过去讲过的话"矛盾，以揭露为好。要揭露矛盾，解决矛盾"。毛主席在这句话下边划了一道杠，在旁边写了这样一段话："一个倾向掩盖着另一倾向。'九大'胜利了，当上了中央委员不得了了，要上天了，把'九大'路线抛到九霄云外，反'九大'的陈伯达路线在一些同志中占了上风，请同志们研究一下是不是这样的呢？"

叶群在检讨书中写道，九届二中全会上她接到军委办事组寄给她一份论天才的语录。毛主席在下边划了一道杠，在旁边写道："多年来不赞成读马列的同志们为何这时又向马列求救，题目又是所谓论天才，不是在'九大'论过了吗？为何健忘若此？"

叶群说自己"不加分析地"部分引用了论天才的语录，这就间接地上了陈伯达的当。毛主席在"不加分析地"五个字下边划了一道杠，在旁边写道："直接地利用材料，所以不必加以分析。材料是一种，无论谁搞的都是一样，难道别人搞的就不算上当吗？"

叶群还说什么她对陈伯达的反动本质认识不足，警惕不够，因而过去对他的斗争不够有力。毛主席在旁边写道:"斗争过吗?在思想上政治上听他的话,怎么会去同他斗争?"

叶群在检讨书中还对陈伯达提出了一些疑问。毛主席在旁边写道:"不上当是不会转过来的,所以上当是好事。陈伯达是一个十分可疑的人。"

叶群表示要按毛主席的教导认真读几本马、恩、列、斯著作,联系实际,改造世界观。毛主席在下边划了一道杠,在旁边写道:"这是十分重要的,一个共产党人不读一点马列怎么行呢?我指的主要是担负高级职务的人。"

在叶群的检讨书末尾,毛主席写道:"不提'九大',不提党章。也不听我的话,陈伯达一吹就上劲了,军委办事组好些同志都是如此。党的政策是惩前毖后,治病救人,除了陈待审查外,凡上当者都适用。"

毛主席这些批语清楚地表明,对在庐山九届二中全会上林彪和叶群、黄永胜、吴法宪、李作鹏、邱会作等人所犯的错误,都还是采取批评、教育、挽救的方针的。

庐山九届二中全会后,为了继续解决这次会议上的问题,给林彪等人改正错误的机会,争取和挽救他们,党中央和毛主席倡导开展学习和批判运动。

这年10月,毛主席对贵州省关于"三支两军"问题的报告作了批示,提出要进行一次思想和政治路线方面的教育。

11月6日,党中央发出《关于高级干部学习问题的通知》,传达了毛主席在九届二中全会上关于党的高级干部要挤出时间读一些马列主义著作的指示,建议各单位干部读六本马、恩、列著作和五本毛泽东著作,即:马克思、恩格斯的《共产党宣言》,马克思的《哥达纲领批判》、《法兰西内战》,恩格斯的《反杜林论》,列宁的《唯物主义和经验批判主义》、《国家与革命》,毛泽东的《矛盾论》、《实践论》、《关于正确处理人民内部矛盾的问题》、《人的正确思想是从哪里来的》、《在中国共产党全国宣传工作会议上的讲话》。

11月16日，经毛主席批准，中央作出《关于传达陈伯达反党问题的指示》。指示说："在党的九届二中全会上，陈伯达采取了突然袭击，煽风点火，制造谣言，欺骗同志的恶劣手段，进行分裂党的阴谋活动。伟大领袖毛主席洞察一切，立即写了《我的一点意见》一文，粉碎了陈伯达的反党阴谋，拨正了全会的航向。在毛主席亲自领导下，全会揭露了陈伯达反党，反'九大'路线，反马克思主义、列宁主义、毛泽东思想的严重罪行，揭露了他假马克思主义者、野心家、阴谋家的面目。这是我们党的伟大胜利，是毛泽东思想的伟大胜利。"指示提出了解陈伯达的情况和问题的同志，要进行检举和揭发，将揭发材料妥送中央，并号召全党全军立即开展"批陈整风"运动。

12月16日，毛主席对三十八军党委检举揭发陈伯达反党罪行的报告作了批示，建议北京军区党委开会讨论一次，各师要有人到会，时间要多一些，讨论为何听任陈伯达乱跑乱说，他在北京军区没有职务，中央也没有委任他解决北京军区所属的军政问题，是何原因陈伯达成了北京军区及华北地区的太上皇？

12月18日，毛主席会见美国友好人士斯诺时说："什么'四个伟大'（指伟大导师、伟大领袖、伟大统帅、伟大舵手——作者注），讨嫌！"

斯诺说："我有时不知那些搞得很过分的人是不是真心诚意。"

毛主席说："有三种：一种是真的，第二种是随大流的，'你们大家要叫万岁嘛'，第三种是假的。你才不要相信那一套呢。"

■ 1970年10月1日,毛泽东主席同斯诺(左一)在天安门城楼上交谈,林彪(右一)在侧。

"四个伟大"是林彪提出来的。毛主席的上述讲话显然是批评林彪。"文化大革命"期间,毛主席几次表示过对"四个伟大"提法的态度。我记得毛主席1967年2月3日会见卡博、巴卢库时,就说过:"又给我封了好几个官,什么伟大导师、伟大领袖、伟大统帅、伟大舵手,我就不高兴。"还有一次,可能是1968年元旦前夕,要发表一篇元旦社论。社论的草稿上提了"四个伟大",毛主席不同意,他让我拿着社论的清样去钓鱼台找陈伯达和姚文元删掉。我问毛主席,"四个伟大"您就不留一个?主席想了想说,那就留下一个吧!我又问留下哪一个。毛主席说,我是当教员的,就留下那个导师吧。其实导师就是教师,不过比教师高明一点。我到钓鱼台找了陈伯达、姚文元,让他们按毛主席的意见圈掉了。

12月19日,毛主席对周总理关于开好华北会议的请示报告作了批示。提出要有认真的批评，从批评达到团结的目的。建议李德生、纪登奎二同志参加会议。黄永胜、李作鹏应同李德生、纪登奎一道参加华北会议。这次会议在全军应起重大作用，使我军作风某些不正之处转为正规化。同时对两个包袱和骄傲自满的歪风邪气有所改正。

12月22日至翌年1月26日，召开了华北会议，对陈伯达进行揭发批判。

华北会议，中央政治局的同志都参加了，我也去了。

去参加会议前，我请示毛主席："我要不要发言？"

毛主席说："你现在是明白人了，为什么不发言？"

我说："我先写一个东西给您看一看，不要又搞错了。"

毛主席说："不用写了。根据我与你几次谈话的情况，我看你的思想已经通了。你讲吧，讲错了，回来我们再商量，再批判嘛！"说到这里，毛主席哈哈大笑起来。

1971年1月8日，毛主席对济南军区政治部《关于学习贯彻毛主席"军队要谨慎"指示的情况报告》作了指示："林、周、康三同志：此件很好，从理论和实践的结合上讲清了问题。请你们看一下，是否可以转发全军。如同意，请总理在一次政治局会议上宣读、讨论、通过，并加上中共中央、中央军委和军委总政治部的几句指示，即可发出。除军队外，中央机关和地方党、政机关也要发出。我军和地方多年没有从这一方面的错误思想整风，现在是进行一场自我教育的极好时机了。"

1971年1月9日，中央军委召开一百四十三人参加的批陈整风座谈会。黄永胜等人既不真正批判陈伯达，又不做自我检查。毛主席对黄等人的态度不满。为了改变这种状况，1月26日，中央发了《反党分子陈伯达的罪行材料》。

在华北会议结束前（指1970年12月22日至1971年1月下

旬召开的华北会议——作者注），毛主席采取了一个重要的措施，即1月24日，中共中央决定：李德生任北京军区司令员，谢富治任北京军区第一政委，纪登奎任第二政委；谢富治任北京军区党委第一书记，李德生任第二书记，纪登奎任第三书记。在这个命令宣布之前，毛主席曾找李德生同志谈过话。

军委座谈会和华北会议前期，都没有开好。对此毛主席进行了批评。2月19日，毛主席在关于开始批陈整风运动的指示中说："请告各地同志，开展批陈整风运动时，重点在批陈，其次才是整风。不要学军委座谈会，开了一个月，还根本不批陈。更不要学华北会议前期，批陈不痛不痒。"

2月20日，军委办事组根据毛主席批评军委座谈会不批陈的问题，写了一个检讨报告。毛主席在这个检讨报告上又批示说："你们几个同志，在批陈问题上为什么老是被动，不推一下，就动不起来。这个问题应该好好想一想，采取步骤，变被动为主动。"毛主席在这个检讨报告上还批示："为什么老是认识不足？三十八军的精神面貌与你们大不相同。原因何在？应当研究。"毛主席对黄永胜等人不做自我检查，不认真批陈是抓住不放的。

与此同时，毛主席又强调各级干部特别是高级干部，要认真学好马列著作。3月15日，毛主席对《无产阶级专政胜利万岁》一文批示："看了一遍，觉得可用。只在十八页上去掉一个词，以便突出马列。十七页上已有了这个词，也就够了。我党多年来不读马、列，不突出马、列，竟让一些骗子骗了多年，使很多人甚至不知道什么是唯物论，什么是唯心论，在庐山闹出大笑话。这个教训非常严重，这几年应当特别注意宣传马、列。"

黄永胜、邱会作、李作鹏等迟迟不肯承认错误，不肯做自我批评，直到1971年3月才交出书面检讨。尽管如此，毛主席对

三、"读点马列主义的书"

他们承认错误做出检讨的行动，仍采取了欢迎的态度。

毛主席看了黄永胜、邱会作、李作鹏的检讨后，于3月24日在黄永胜3月21日的书面检讨上作了如下批示："黄永胜、邱会作、李作鹏三同志的检讨都看了，我认为写得都好。以后是实践这些申明的问题。只在黄的第二页上有一个注语，请各同志注意。"

黄永胜书面检讨的第二页上有段话"过去我对反党分子陈伯达这个人有迷信，被他所谓'天才理论家'、文化大革命'有功'、'小小老百姓'等假象所迷惑。"毛主席对这段话批注："陈伯达早期就是一个国民党反共分子。混入党内以后，又在一九三一年被捕叛变，成了特务，一贯跟随王明反共。他的根本问题在此。所以他反党乱军，挑动武斗，挑动军委办事组干部及华北、军区干部，都是由此而来。"

3月30日，毛主席又对刘子厚在河北省"批陈整风"会议上的检查作了指示，指出："上了陈伯达贼船，年深日久，虽有庐山以来半年的时间，经过各种批判会议，到3月19日才讲出几句真话，真是上贼船容易下贼船难，人一输了理（就是走错了路线），就怕揭，庐山会议上的那种猖狂进攻的勇气，不知跑到哪里去了。"毛主席还在刘的检查的最后一页批示："这还只是申明。下文如何，要看行动。"

4月15日至29日，根据毛主席的指示，中央召开了批陈整风汇报会。参加会的有中央、地方和部队的负责人共99人。29日，周总理代表党中央在汇报会上做了总结。

4月18日，我在这个汇报会的华北组小组会议上又做了第三次检查。我把当时检讨的内容抄录如下：

我在党的九届二中全会上犯了方向、路线错误。在全会期间和全会以后,经过主席多次谈话,对我进行了严格的批评和亲切的教育,每次谈话对我的启发都很大,教育都很深。回京以后,又带着自己的问题,进一步学习了主席的光辉文献《我的一点意见》,学习了马、列和主席的几本著作。遵照主席"在开展批陈整风运动时,重点在批陈,其次才是整风"的指示,我同中央办公厅和警卫局、警卫团的同志们一起揭发批判了反共分子、反革命修正主义分子陈伯达的罪行,同时,也在会上检讨了自己的错误。由于主席的教育,政治局同志的帮助,使我进一步认清了陈伯达的反革命本质,进一步认识了自己错误的严重性,进一步提高了阶级斗争和路线斗争的觉悟。

党的九届二中全会,在毛主席亲自领导和主持下,会议开得很顺利,气氛很好。但是,会议刚开了一天,陈伯达在他的反革命野心的驱使下,迫不及待地跳了出来,以伪装的面目出现,披着马克思主义的外衣,打着红旗反红旗,采取突然袭击,煽风点火,制造谣言,欺骗同志的恶劣手段,进行分裂党的阴谋活动,妄图实现他反党夺权的罪恶目的。主席很快识破了陈伯达的反革命面目,适时地发表了《我的一点意见》这篇光辉文献,粉碎了陈伯达的反党阴谋,拨正了全会的航向。

在这次全会上,把陈伯达这个大坏蛋揪了出来,教育了全党,团结了同志,避免了分裂,消除了隐患。这是伟大导师毛主席英明领导的结果,是我们党的伟大胜利,是毛泽东思想的伟大胜利,是毛主席革命路线的伟大胜利。

主席《我的一点意见》,一针见血地击中了反革命野心家、阴谋家陈伯达的要害,从理论上彻底揭穿了陈伯达的谣言和诡辩,揭穿了陈伯达资产阶级唯心论的反动本质,深刻

三、"读点马列主义的书"

地阐明了马克思列宁主义的认识论,对于我们党的思想理论建设和组织建设具有重大的深远的意义。我坚决拥护毛主席《我的一点意见》和主席一系列的重要批示,坚决拥护以毛主席为首的党中央的一切决定,坚决跟着毛主席干一辈子革命。

在毛主席《我的一点意见》没有发表以前,我没有识破他是一个大坏蛋,上了他的当,受了他的骗,当了他的炮手,犯了方向、路线的错误。深感对不起毛主席,对不起党中央,对不起受误会的同志。辜负了毛主席对我的信任和教育,没有听毛主席的话,干扰了毛主席的战略部署。我内心极感沉痛。我的错误是:

(一)在华北组听了反革命分子陈伯达的煽动性发言,我没有考虑分析,没有调查核实材料,更不顾自己的身份,以极不慎重的态度,心情非常激动地说了一些不应该说的话,把不应该上纲上线的问题上了纲、上了线,使会议气氛紧张,不利团结,影响会议顺利地进行,当了反革命分子陈伯达的炮手。

(二)我听到反革命分子陈伯达煽动说,有人不要毛泽东思想,有人听说毛主席不当国家主席,高兴得手舞足蹈,我没有识破他的阴谋,凭着自己朴素的阶级感情,一听说有人反对毛主席,反对毛泽东思想,我就火冒三丈,被他煽动起来了,错误地提议在新宪法中恢复设国家主席一章。主席不当国家主席的问题,还是主席的意见,我是知道的。早在一九七〇年三月八日,主席要我从外地回京向政治局的同志转达了主席的意见,并且在政治局会议上,大家都拥护主席的意见。可是当我听到反革命分子陈伯达的煽动性的发言,就把主席的指示忘得一干二净。在这关键时刻,我没有冷静思考，没有坚持原则，没有考虑到主席日日夜夜为中国革命和世界革命操劳。我在这个问题上没有听毛主席的话，违反了中央政治局的决定，干扰了毛主席的伟大战略部署，这是十分错误的，也是十分危险的。

（三）反革命分子陈伯达利用"第六号简报"来煽动、欺骗参加全会的同志，妄图分裂党，破坏"九大""团结起来，争取更大的胜利"的路线。这期简报发出最早、最快，简报内容中陈伯达的很少，我的很多，事先又不给我看，这是一个阴谋，我上了当，被他利用了。

（四）反革命分子陈伯达利用听录音报告的机会，把关于论"天才"的语录交给我打印五份（当时我交代打印二十份，准备政治局同志要时，免得再打印）。这个语录打印后，放在我那里，没有使用，在陈伯达阴谋诡计被识破后这个语录已封存。现在看来，可能是要我发言时引用，结果未得逞。

我犯错误的主要原因：（1）对反革命分子陈伯达的恶意造谣，没有调查核实，没有分析判断。对在哲学上的欺骗和诡辩，自己不懂，也没有向马、列和毛主席的著作请教，主席教导："我们是马克思主义者，马克思主义叫我们看问题，不要从抽象的定义出发，而要从客观存在的事实出发，从分析这些事实中找出方针、政策、办法来。"而我违反了主席的这个教导，结果情况不明，决心很大，方法不对，犯了严重的主观主义的错误，思想上陷入极大的盲目性。主观主义是唯心主义、形而上学的一种表现，是资产阶级世界观的反映。毛主席指示："这种反科学的反马克思列宁主义的方法，是共产党的大敌，是工人阶级的大敌，是人民的大敌，是民族的大敌，是党性不纯的一种表现。大敌当前，我们有

三、"读点马列主义的书"

打倒它的必要。只有打倒了主观主义,马克思列宁主义的真理才会抬头,党性才会巩固,革命才会胜利。"我过去对主观主义的危害性认识很不够,今后必须下决心"打倒主观主义"。

(2) 过去没有"认真看书学习",对马、列和毛主席的书读得很少,而且有些没有读懂。因此,思想和理论水平很低,阶级斗争和路线斗争觉悟不高,警惕坏人破坏中央的团结不够,特别是遇到像陈伯达这样手段很阴险、很毒辣的阴谋家、野心家,我不仅没有识破他,反而受了他的蒙蔽,被他利用了。

(3) 存在着严重的骄傲自满情绪。世界观没有改造好。

今后,我要很好地接受教训,带着问题认真地学习马、列和毛主席的著作,自觉地改造世界观,克服骄傲自满,争取较快地改正错误。真正做到在大风大浪中不迷失方向,能识别真假马列主义,坚决紧跟毛主席干一辈子革命。在毛泽东思想和"九大"路线的指引下,"团结起来,争取更大的胜利"。

汪东兴
1971年4月18日

我的第三次检讨书送给毛主席看后,毛主席对我说:"你的几份检讨有阶段性,火候掌握得好,庐山会议后,大家到现在还跟不上气候,看来你跟上了。"

庐山九届二中全会以后,毛主席和党中央在领导开展批陈整风运动的同时,还采取了许多措施,一是接连批发了许多文件和指示,毛主席把这个办法叫做"甩石头";二是派纪登奎、张才千参加当时被林彪、黄永胜、吴法宪等人控制的中央军委办事组,毛主席把这个办法叫做"掺沙子";还有就是在前面提到的在华北会议结束前改组北京军区,毛主席说这个办法是"挖墙脚"。

四

汪东兴回忆
毛泽东与林彪反革命集团的斗争

"庐山这件事,还没有完"

庐山党的九届二中全会后，虽然在全党开展了批陈整风运动，先后召开过华北会议和批陈整风汇报会，但是都没有很好地解决问题。黄永胜、吴法宪、叶群、李作鹏、邱会作等人迟迟拿出来的检讨书，其实是敷衍了事的。如何帮助广大干部，特别是帮助党政军高级干部提高对庐山九届二中全会上的斗争的认识，帮助犯错误的人认识错误、改正错误，真正达到"惩前毖后，治病救人"，团结同志的目的，克服分裂党的危险，仍然是一个严重的问题。毛主席始终抓住这个问题不放。因此，在1971年8月15日至9月12日期间，毛主席到南方巡视，想推动这个问题得到深入的解决，以加强党内的团结。在南巡期间，毛主席几次谈到庐山会议开过近一年了，但庐山这件事，还没有完。毛主席沿途同各地负责同志多次谈话，做了大量的思想政治工作。

（一）毛主席在武昌的谈话

1971年8月15日，我们陪着毛主席乘专列从北京出发，16日抵达湖北武昌。被称为长江三大"火盆"之一的武汉三镇，当时天气炎热。

16日在武昌车站，毛主席找了武汉军区政委刘丰和我谈话。

四、"庐山这件事,还没有完"

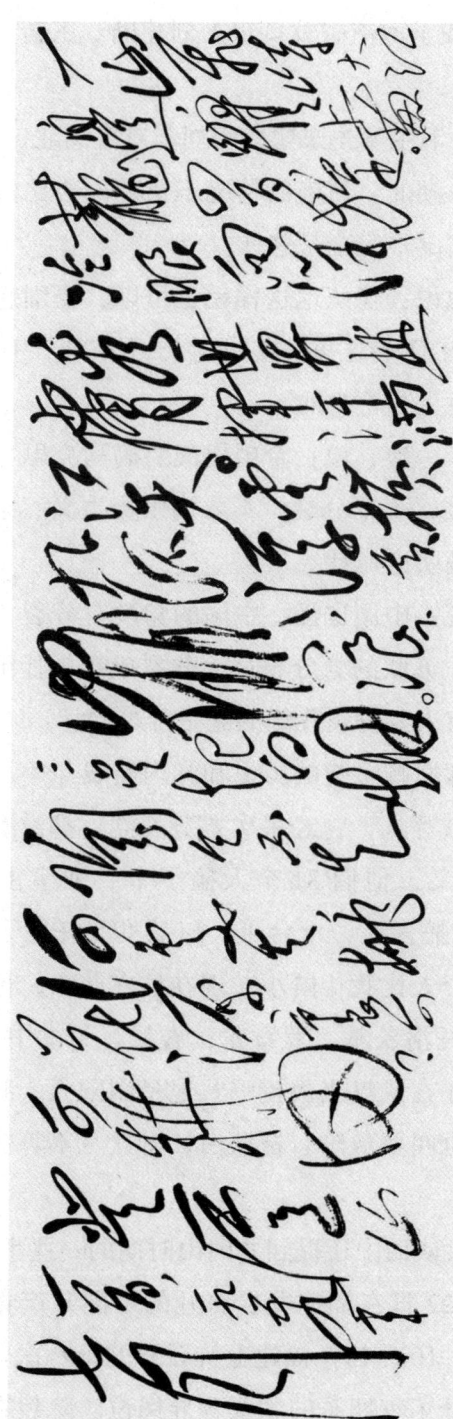

■ 毛泽东主席1959年7月登庐山写下的诗词《登庐山》

17日，毛主席又找了河南省委负责人刘建勋、王新，还有刘丰和我继续谈话。

谈话开始时，毛主席先亲切地问刘丰有关湖北、河南的情况。

刘丰汇报说，湖北、河南的情况不错，人心比较稳定。毛主席听后感到实际情况不完全是这样。

毛主席严肃地说：笼统地这样说也可以。要细想起来，这样说是应付差事。在你们这里，有些地方还在动，有些地方没有动。有些地方的意见是不少的。

毛主席的话锋一转，说：希望你们要搞马克思主义，不要搞修正主义；要团结，不要分裂，不要搞山头主义、宗派主义；要光明正大，不要搞阴谋诡计。

毛主席接着说：中国也怪，中国的党没有分裂，已经经过五十年没有分裂过。苏联的党分裂过，分裂成布尔什维克和孟什维克，中国没有。有人要分裂我们的党是困难的。

接着，毛主席回顾了党的历史和党内路线斗争。他说：陈独秀、王明、张国焘等人，曾经多次要分裂党，都没有得逞。陈独秀是右倾机会主义，他们81个人搞了个"列宁主义左翼反对派"。这个组织没搞多久，垮台了。以后变为托派了。其中有个叫刘仁静的，这个人比我年龄小，现在住在北京，他从莫斯科跑到土耳其去见了托洛茨基。罗章龙，右派，另立中央，分裂党，也没有得逞。他还在武汉当教授吗？他是浏阳人，我的老乡。他用的名字很多，也叫罗敖阶。瞿秋白、李立三不算分裂党，是犯了路线错误。

毛主席在这次谈话中还提到井冈山时期的一些事情。

1929年6月22日在福建龙岩召开的中国共产党红军第四军第七次代表大会，10月初在福建上杭召开的第八次代表大会。当时毛主席被迫离开了红四军的主要领导岗位。陈毅在红四军"七

四、"庐山这件事,还没有完"

大"会议上当选为前委书记。8月,陈毅去上海,向中共中央做汇报工作。8月29日,中共中央政治局举行临时会议,专门听取了陈毅有关红四军情况的报告。周恩来当时任中共中央政治局常委兼任中央组织部长和军事部长,他听了汇报后对陈毅说:你们怎么能这样对待毛泽东呢?应该拥护他,他在根据地搞的是对的。

■ 汪东兴同志陪同毛泽东主席南巡

陈毅根据周恩来多次谈话的精神，代中央起草了一封指示信，信是经周恩来审阅同意后发出的（即"九月来信"——作者注）。信中肯定了毛主席的一系列正确主张，明确指示"毛同志应仍为前委书记"。

陈毅回根据地传达了中央的意见，带回来了那封信（该信全文刊载于《中共中央文件选集》第5卷，第473—490页。——作者注）。同年12月28日，红四军在福建上杭古田又召开了第九次党代会。会议开了三天，重点是纠正党内的错误思想，最后通过了古田会议决议。这样，便扭转了毛泽东遭排挤的局面。

毛主席曾经对我说，陈毅敢于改正错误，敢把中央的意见原原本本地传达，陈毅同志是个襟怀坦白的人，错误是有，但是个好同志。

红四军第七次、第八次党代表大会，是很重大的事情。当时，我在赣东北方志敏领导的部队里工作，对这两次会的情况也不清楚。为此事我问过毛主席。毛主席说他对这两次会议的详细情况也不太清楚。但对那一段往事，毛主席有很深的印象。

毛主席对我们说：陈毅当时到了上海，本来是告状的，但周恩来做了好事，批评陈毅不对，犯了极端民主化的错误，还是要我"复辟"。中央要我"复辟"，我就"复辟"了。

毛主席接着说：然后是纠正李立三左倾盲动主义路线。然后是王明在上海召开六届四中全会，在会上发表《为中共更加布尔塞维克化而斗争》，他是公开论战。在莫斯科是搞宗派。

毛主席又说：六届五中全会，是在江西瑞金开的，他们都到了中央苏区了。我是政治局委员，不让我参加会，让我当苏维埃主席（1931年11月27日，毛泽东被选为中华苏维埃共和国临时中央政府主席。毛泽东原担任的红一方面军总政委的职务因红一方面军改属中华苏维埃共和国中央革命军事委员会指挥而被撤销。——作者注），不让我在军队工作，让我去做群众工作。

我在毛主席身边工作那么长的时间，毛主席回忆往事，讲党的历史和他的经历，说心里话，我们还是第一次听到。

毛主席说：国民党军队向苏区进行第四次"围剿"。这次反"围剿"是周总理指挥的。

关于中央苏区第四次反"围剿"的情况，叶剑英同志曾对我说过，这次反"围剿"的胜利，是执行了毛主席的指示和军事方针才取得的。叶剑英当时跟随毛主席一道走的，知道得很清楚。在宁都会议上把毛主席的红一方面军总政委的职务撤掉了（1932年10月，苏区中央局在宁都举行全体会议，会议对毛泽东和他在红军中实行的战略、战术进行了错误的批评和指责。会后，中共临时中央将毛泽东调回后方，并且再一次撤销了毛泽东在1932年8月8日重任的红一方面军总政委的职务，由周恩来兼任这一职务。——作者注），由周恩来接着指挥红军反"围剿"。

毛主席接着说：遵义会议是政治局扩大会议，纠正王明错误的路线。王明夺权四年之久。上海的中央移到中央苏区去了，陆续跑过去了。先是周恩来，然后是博古、张闻天、王稼祥他们去的。到中央苏区，李维汉去得早，他那时是组织局长。然后是长征的路上，一、四方面军在四川西北部的懋功会合以后，张国焘搞政变，成立伪中央。

毛主席后来谈到张国焘时还多次说过，张国焘要是不跑的话，还要给他一个政治局委员当。

毛主席继续说：全国胜利以后，高、饶就想夺权，搞反党联盟，没有夺成。

讲了党的历史，毛主席又把话题转到庐山九届二中全会。他说：庐山会议，他们搞突然袭击，搞地下活动，为什么不敢公开呢？可能是心里有鬼。

在座的同志，都检讨自己犯了错误。

毛主席接着说： 你们就是太急了，问题不在你们。你们是属于上当受骗的，问题在北京。就是那些大将，包括黄永胜、吴法宪、叶群、李作鹏、邱会作等人。他们都跟着起哄，犯了错误，进行了检查，允许改正错误，还是可以工作。这次庐山会议，搞突然袭击，地下活动，是有计划、有组织、有纲领的。这就是反对"九大"路线，推翻九届二中全会的三项议程。有人看到我年纪老了，快要上天了，他们急于想当国家主席，要分裂党，急于夺权。这次庐山会议是两个司令部的斗争。

毛主席说： 什么"天才的"，我不是天才，读六年孔夫子，读七年资本家的洋学堂，我到二十五岁那一年，正是一九一八年开始读马列主义。

毛主席在谈到九届二中全会上犯了错误的人的时候说： 前途有两个，一个是可能改，一个是可能不改。犯了大的原则的错误，犯了路线、方向错误，为首的，改也难。历史上，陈独秀改了没有？瞿秋白、李立三、罗章龙、王明、张国焘、高岗、饶漱石改了没有？没有改。

毛主席说： 对这些人怎么办？还是教育的方针，就是"惩前毖后，治病救人"。有的可能救过来，有的也可能救不过来。有了错误就要改，如汪东兴同志，分别几次在七千多人的面前，讲他自己的错误，他接触最广的就是中央办公厅、中央警卫团，七千多人的单位，这怕什么呢？他不怕。

毛主席在这里举出我检讨的例子，是要说服那些在九届二中全会上犯了错误的人认识错误，改正错误。

毛主席接着说： 胜利以后，朝鲜战争时，我管了一下军队，以后就没有管了。朝鲜战争后，军委的事，主要是彭德怀同志管。我征求总理的意见，我说还是他好，他在长征中是靠在我们

四、"庐山这件事，还没有完"

这边的，抗美援朝，人家打了胜仗，不叫人家管这个事行吗？管点事有什么要紧呀！

那时，毛主席是主张彭德怀管军委工作的。

毛主席接着又说：以后就是林彪管了，现在我要抓军队的事。

毛主席对刘丰说：我就不相信我们军队会造反，军下面还有师、团，还有司、政、后机关，你调动军队来搞坏事，听你的？开九十九人的会（指1971年4月中央召开的批陈整风汇报会议。出席这次会议的，有中央、地方和部队的负责人共九十九人。——作者注）不行，要开军长、政委，地方上相当军一级以上干部的会议，把问题讲清楚。听说连总参二部部长这一级的人都还不知道（指九届二中全会林彪一伙人的问题。——作者注），这怎么能行呢？你们军区、省军区常委要研究一下。暂时不忙，待提中央讨论后定。

毛主席还说：不要把自己的老婆当自己工作单位的办公室主任、秘书。林彪那里，是叶群当办公室主任。还有黄永胜那里是不是？

当时有人回答毛主席说：黄永胜那里早就不是了。后来了解这个回答的情况是假的，实际上黄永胜的老婆项辉芳当时还在当黄永胜办公室的主任。

毛主席强调说：做工作要靠自己动手，亲自看，亲自批。不要靠秘书，不要把秘书搞那么大的权。我的秘书只搞收收发发。文件拿来自己选，自己看，要办的自己写，免得误事。只有两个文件，当时因为身体不好，我口述，别人记录的，最后还是经过我自己修改印发的。其中一个就是《目前形势和我们的任务》(1947年12月，在中共中央召开的会议上，毛泽东提出了《目前形势和我们的任务》的书面报告。现收入《毛泽东选集》第4

卷。——作者注)。

我清楚地记得,那时正打胡宗南,很紧张,毛主席疲劳过度,手抖得厉害,拿不住笔,《目前形势和我们的任务》这篇文章,就是由毛主席口述,由别人记录的,后来毛主席亲自修改完稿。

毛主席讲完了庐山会议各方面问题后,继续说:庐山会议以后,我采取了三项办法,一个是甩石头,一个是掺沙子,一个是挖墙脚。批了陈伯达搞的那个骗了不少人的材料,批发了三十八军的报告和济南军区反骄破满的报告,还有军委开了那么长的座谈会,根本不批陈,我在一个文件上加了批语。我的办法,就是拿到这些石头,加上批语,让大家讨论,这是甩石头。军委办事组准备叫李先念、纪登奎参加,这是掺沙子。改组北京军区,这叫挖墙脚。

毛主席说:我同林彪同志谈过,他有些话说得不妥嘛。比如他说,全世界几百年,中国几千年才出现一个天才,不符合事实嘛!马克思、恩格斯是同时代的人,到列宁、斯大林一百年都不到,怎么能说几百年才出一个呢?中国历史上还有陈胜、吴广,有洪秀全、孙中山呢!这不符合实际。

毛主席接着说:关于培养接班人的问题,我说我们都是六十岁以上的人了,要培养六十岁以下的、三十岁以上的人。

最后,毛主席说:今天就这样吧。你们四位,明天、后天讨论一下。

毛主席同刘建勋、王新、刘丰和我的谈话就这样结束了。毛主席的这次谈话内容非常丰富,几个同志第一次听来真如倾盆大雨一般,足够我们去消化、琢磨的。

在武昌期间,毛主席想同华国锋谈话,我就打电话把华国锋从北京请来了。

8月25日晚,毛主席在武昌同华国锋同志谈话,我也参加了。

谈话开始时,毛主席问华国锋:你来了,你们现在忙什么?

华回答说:我刚到国务院,着手了解工农业生产的情况。我向毛主席作个汇报。

毛主席有点严肃,说:我看你是满脑子的农业,我是满脑子的路线斗争。当然你讲的农业也有路线斗争,但是还有更大的路线,光有农业不行,还要考虑东西南北中、党政军民学。工农业要抓,但当前主要应该抓路线斗争。农业也有路线问题。

毛主席对华又简要叙述了党的历史,他说:中国也怪,中国党没有分裂。陈独秀81个人组织"列宁主义左翼反对派",后来又转为托派。有个刘仁静,他见过托洛茨基,此人比我年龄小,现住北京。罗章龙另立中央,没有成功。此人现在湖北当教授,是浏阳人,现叫罗敖阶。瞿秋白、李立三不算分裂,是犯路线错误。王明搞了二十八个半布尔什维克,在全党夺权四年之久,召开了两次中央全会,即第四次、第五次全会(指1931年1月7日在上海召开的中共六届四中全会,1934年1月在江西瑞金召开的中共六届五中全会。——作者注)。遵义会议是政治局扩大会议,推翻了王明的领导,张闻天负总责,实际上张闻天当召集人,我管事。正式管事是遵义后十年,一九四五年五月"七大"(1945年5月,七届一中全会举行。毛泽东同志在这次全会上当选为中央委员会主席、中央政治局主席、中央书记处主席。——作者注),才当选主席。出了两本书,《两条路线斗争》、《六大以来》,他们才解除武装。张国焘在长征路上,自立中央,也没有搞成。高、饶想夺权,没有夺成。有人说三年灾害是我搞的,我要采取的办法他们又不赞成。后来北戴河会议,讲了形势、阶级、矛盾才好转了。

毛主席接着说:我批发了广州军区三支两军座谈会的纪要,

在中央的批语中加了"认真研究"四个字，不加怕各大军区马虎过去。

毛主席继续说：庐山会议是两个司令部的斗争。在庐山搞突然袭击，是有计划、有组织、有纲领的。发难不是一天半，而是二十三、二十四、二十五三天。是否定"九大"路线，否定二中全会三项议程，要改成讨论天才和要设国家主席问题。他们名为反对张春桥，实际是反我。是我把天才划掉，是我提出不设国家主席。我不是天才，我读了六年孔夫子的书，上一中、一师七年是读资本主义的书，到一九一八年才读到马列主义。

毛主席在谈到九届二中全会上印发的反映华北组讨论情况的六号简报时说：这个简报是一个反革命的简报。这是我个人认为。将来党中央还要讨论。

毛主席接着对华国锋说：说大有炸平庐山之势是有用意的，空军才能炸平。他们发称天才的语录，不给李德生同志发，他们几位是井冈山山头一方面军的。一次当着他们的面，我说李德生你好蠢呀，不是一个山头的，宝贝如何能给你呢？会上念的称天才的语录，事先也没有谈过，也不知是哪本书、哪一页的，是说假话嘛。

在讲到解决九届二中全会出现的问题的措施时，毛主席说：我是程咬金的三板斧，打石头、挖墙脚、掺沙子。看到三十八军的报告很高兴，当即批了。把二十四军、二十一军、三十八军整得厉害，特别是把三十八军整得苦。还批了济南军区反骄破满的文件和刘子厚的检讨等文件，这是打石头。改组北京军区是挖墙脚。中央警卫团、北京卫戍区，他们没有插进来。掺沙子，掺了李德生、纪登奎。还少，叫李先念参加军委办事组。不能不管军队，开会不一定到，中南也要有人参加，可以不到会。你们要过问军事，不能只当文官，要当武官。

毛主席还说：路线要搞正，团结起来争取更大胜利。"惩前毖后，治病救人"。有的可以救过来，有的可能救不过来，要看实践。汪东兴同志他管的中央办公厅、警卫团七千多人的范围，他分几次在一千多人中讲了自己犯的错误。犯错误愿意改正就好。

最后，毛主席对华国锋说：不要搞山头主义，山头主义害死人。全国都要团结，还是几个原则。三个办法，打石头、挖墙脚、掺沙子。有些话不能听，一句话顶一万句，能相信吗？有的连半句也不顶，顶个屁。实际有的不算数，如天才和国家主席问题，我说了多少次，半句也不顶。陈伯达的话，一句顶一万句哩。

毛主席准备由武昌转移到湖南长沙。27日上午9时，我和华国锋飞往长沙，落实毛主席的住宿安排等问题。这时华国锋同志刚调京，仍然兼任湖南省委书记和省革委会主任。

27日下午2时，刘丰到毛主席的住处看望毛主席，毛主席同他进行了第二次谈话。

谈话开始时，毛主席问刘丰：怎么样？

刘丰回答说：这几天我想得比较多。在九届二中全会上，我也犯了错误，起了哄，干扰了主席。去年主席谈了以后，我心情很沉重。

刘丰讲的去年毛主席同他的谈话，是指九届二中全会结束毛主席从庐山回北京路过武汉时，同他谈的一次话。当时刘丰的态度不明朗。毛主席这次在武昌同他谈话，叮嘱他不要告诉别人，可是9月6日，他就告诉了陪同朝鲜军事代表团到武汉访问的李作鹏。

毛主席对刘丰说：你沉重什么？问题不在你。问题在北京。

毛主席又问：方铭同志什么病？

■ 1971年,江青精心为林彪拍摄的学毛著照片。

方铭当时是武汉军区空军副司令员、第九届中央候补委员。毛主席问方铭的情况,刘丰没有回答。

毛主席又再次向刘丰谈到党内的路线斗争,点明了陈伯达也是反党阴谋集团的人。

毛主席总括说:我们党五十年,十次分裂,都没有分裂了。

刘丰接着毛主席的话说:有主席领导,有主席思想,解放军也是分裂不了的。请主席放心。

谈到军队,毛主席说:我犯了个错误。胜利以后,军队的事情我管得不多。

刘丰插话说:主席还是管的。

毛主席说:我要管军队了。我光能缔造就不能指挥了吗?

在同刘丰的谈话中,毛主席很快又把话题转回到九届二中全会问题上。他说：又是井冈山和中央苏区的人犯错误，他们想搞我的山头。四方面军的同志，从张国焘事件后，比较谨慎一点了。

毛主席再次讲到九届二中全会后采取的措施时，他说：我的办法是打石头、挖墙脚、掺沙子。在庐山，五天时间我写了七百字，打了这样一块石头。以后批了三十八军的报告。他们把三十八军整得那样苦。还批了济南军区政治部的报告、刘子厚同志的检查。

毛主席谈到解放军的问题时说：我就不相信，你黄永胜能指挥解放军？郑维山能指挥解放军？华北八个军，就有五个军反对他们。天津的六十六军就不听他们的嘛！他们要把那几个坏人塞进天津市，六十六军就反对嘛！就是那三个军，还有军长、政委，师长、政委，团长、政委，会听他们的吗？

毛主席谈到掺沙子的办法，说：李先念这个人，比较正派，比较好。我要李先念同志也参加军委办事组，考虑再增加一些人，掺沙子。是不是其他军区也参加些人。

刘丰在中央苏区时是五军团的人，五军团是由宁都起义的部队改编成的。毛主席向刘丰问了五军团的情况后说：季振同（河北沧县人，1931年12月14日与赵博生、董振堂等率部起义，起义部队编为中国工农红军第五军团，他任总指挥，1934年夏被错杀。——作者注），我同周恩来讲了几次，这个人不应该杀。赵博生、董振堂这两个人也不错。

毛主席接着说：我七老八十了。你们要搞马列主义，不要搞修正主义；要搞团结，不要搞分裂，不要搞宗派主义；要光明正大，不要搞阴谋诡计。党的方针是允许改正错误的。如某些同志，我们还是信任的。

毛主席讲到这里，再次向刘丰谈起九届二中全会的问题。他说：这次在庐山搞突然袭击，是有计划、有组织、有纲领的。纲领就是"天才"、设国家主席。他们在庐山不是一天半，而是三天。

毛主席又说：我讲的话，什么一句顶一万句？有时一句顶一句，有时连半句也顶不了，顶个屁！他们的话才是一句顶一万句，陈伯达的话一句顶一万句。他们才是天才，陈伯达才是天才。

毛主席的这些话，在几次谈话中反复说过，但一次比一次说得多一些，更明朗一点。细细体会，还是略有不同的。

毛主席这次对刘丰说：对路线问题、原则问题，我是抓住不放的。重大原则问题，我是不让步的。

毛主席还很生气地说：他们要捂住。总参二部部长都不知道。怕要开二百来人的会议（来解决）。

这里说的总参二部部长不知道，是因为当时毛主席接到总参三部部长给他写的信，信中谈到过这个情况。

毛主席还对刘丰讲到他不赞成老婆当秘书、当办公室主任的问题，对一些负责人向林彪请示问题时要经过叶群这类事很不高兴。

谈话结束时，毛主席语重心长地说：为《国际歌》，列宁在欧仁·鲍狄埃逝世二十五周年时写了一篇文章纪念他。一百年了！国际歌词和列宁的文章，全部是马克思主义的立场和观点。

毛主席问刘丰看到过新印的《国际歌》歌词没有，刘丰说他没有看到。

毛主席叫张玉凤去拿。张玉凤说印的歌词和材料都已装箱上车了。毛主席说，到火车上再给他。刘丰问毛主席：翻印一些下发，可不可以？

毛主席点头表示同意。

随后，刘丰等人送毛主席到车站上车。刘丰扶毛主席坐下后，张玉凤拿来《国际歌》歌词。毛主席要张玉凤、吴旭君唱。毛主席同刘丰也跟着一起唱。唱一段，毛主席讲解一段，还讲解了列宁纪念欧仁·鲍狄埃的文章。

毛主席说：究竟是英雄创造世界，还是奴隶们创造世界？我是历来主张奴隶们创造世界的。

毛主席还说：《国际歌》就是讲要团结，讲全世界无产阶级要团结。

唱完《国际歌》后，毛主席又与刘丰等人一起唱《三大纪律八项注意》这首歌。

毛主席对刘丰动感情地说：是呀！你看，就是要步调一致嘛！不一致还行呀？

毛主席这时带头唱《国际歌》，唱《三大纪律八项注意》，都是非同寻常的。

（二）毛主席在长沙的谈话

毛主席的专列 8 月 27 日夜间抵达湖南长沙。到达长沙的当晚，毛主席同华国锋、卜占亚谈话，我也参加了。

卜占亚当时是湖南省军区的政委，毛主席对他不太熟悉。谈话开始时，毛主席先问了卜占亚的简历。然后毛主席又问我是否向刘兴元、丁盛、华国锋、韦国清传达了他前几次的谈话内容，我说传达了。毛主席说他明天要找他们谈话。

毛主席接着对华国锋、卜占亚又谈起党的历史上的路线斗争。他说：中国党有十次要分裂，没有分裂成。

毛主席扳着手指算着，讲了陈独秀、瞿秋白、李立三、罗章龙等人的几次路线错误。

他说：当时，传说开除了我的党籍（指井冈山斗争时期——作者注）。不是党员就不能当党代表了，但可以当师长。我们一个师有两个团，一个是农民起义的团，一个是袁文才、王佐的团。南昌起义是正确的，但不上井冈山，想依靠外援，后来又打回湘南，我带了一个团到湘南去接他们。到了桂东沙田，我讲了三大纪律六项注意，后来逐步发展到三大纪律八项注意。这一回我们没有接到朱德、陈毅他们，但接到了萧克。回到井冈山时，说朱德他们已到了宁冈，我们在宁冈会师。他们又说我可以当党代表，又让我当上了党代表。王明他们有二十八个半布尔什维克，夺中央的权四年之久，写了《为中共更加布尔塞维克化而斗争》，提出一省或数省首先取得革命胜利。他们讲不断革命，托洛茨基也讲不断革命，马克思也讲过要不断革命。我们讲不断革命是有阶段的，我们首先进行了民主革命，而后又进行了社会主义革命，这就叫作不断革命论。李立三、王明他们提出一省或数省首先胜利，然后就是全国胜利。可是我们进行了几十年的民主革命，1949年才到了北京，还没有宣布我们胜利了。当时我们只是说这是第一步，万里长征的第一步。后来我们进行了土地改革，对资本家实行赎买政策。赎买政策实际上是我们和资本家的关系问题。资本家他们要进行生产，没有原料，我们供给他们原料，他们生产出来的东西归我们国家收买。比如你要织布，你没有棉花，不准许资本家自己到处去买棉花，我们供给你棉花，你织出来的布也不准自己随便卖，要由国家收买。当时我们提出来的口号是"公私兼顾，劳资两利"。我们这样做了几年。全国解放的时候，官僚资本占80%，还有民族资产阶级，另外还有一些小企业主。怕他们干什么？过了几年，他们还不是敲锣打鼓欢迎公私合营了嘛！其实他们是表面拥护，心里是假的，假的也好嘛。

毛主席接着说：你们对民主党派的问题要研究研究，看还要不要？一个是要认识一下。还有一个是民族资产阶级问题，有人说不要了，也不给利息了。我说不行。有的小资本家不要利息，大的资本家是不愿意的。应该拿一点利息。

毛主席历来对民族资产阶级是很讲政策的，是反对对他们采取过火的行动的。

毛主席肯定地说：民主党派还要存在。有的地方说不要了，不要太急了，急不得。你们湖南有个人叫周世钊，是个名人，是我的老同学。"五一"节周世钊来了，上了天安门。我问他民主党派还要不要，这个人算是个老实人，他说民主党派里也有现行反革命分子，有些历史上有一点反革命行为。这是对个人讲的。对民主党派来说，他们没有搞翻案，他们也没有发指示。作为民主党派来说，还是可以存在的。但作为民主党派内部某个人来说，有的人是有问题的，少数人问题很严重。他们中间也有左派，也有中派，也有右派。不要笼统地说民主人士都好或都不好。

毛主席接着说：有些民主人士挨了斗，挨了批，有的拖了一两年了，问题也没有解决。不仅民主人士没有解决，什么"五一六"啊，他们的问题也没有解决啊，有的是挂起来了嘛。应该把民主党派的牌子都挂起来，因为我们国家在搞文化大革命中间，有的还不正规，把民主党派搞掉了，有什么好处呢？一个"拖"字解决不了问题，存在的问题在他们挂起牌子以后，可以再了解、再调查、再处理嘛。

毛主席讲完这段话之后，又强调一切行动听指挥，并带着我们一起唱《三大纪律八项注意》这首歌。

唱完歌后，毛主席说：你们不光要唱《三大纪律八项注意》，你们还要讲解，还要按照它的要求去做。你们找几本《国际歌》

看看，《国际歌》里边什么都有了。你们明天就把《国际歌》念一念，议一议，谈一谈。不要每一句都搞对照，找目前最需要的要求去做。我们唱了五十年《国际歌》，结果我们党里有人搞了十次分裂活动。这次不做结论，也是分裂行动了。我看还可能搞十次、二十次、三十次，你们信不信？你们不信，反正我信。到了共产主义就没有斗争了？我就不信。到了共产主义，也还是有斗争的，只是新与旧、正确与错误的斗争就是了。到了共产主义，斗争的性质可能有变化，一万年或几万年以后，错误的东西也还是会有的。但是那个时候文化水平高了，犯错误的人觉悟比较快，能及时认识改正。对犯错误的人，不管他怎么样，不要杀人。搞斗、批、改，也要搞得温和一些。

这时，毛主席表扬我在中南海的工作中正确地对待反对过自己的人。他说：他的办法好，凡是骂过他的，他都用了。

毛主席指的是"文化大革命"开始时，中直机要干校的同志在怀仁堂、府右街贴了我很多大字报，揭发我的一些问题，我天天去看一看。毛主席知道后对我说：你这个人行。不怕丢脸。我坦然地说：我不怕。我丢脸不会丢一辈子呀，认识错误就不丢脸了。

我常想，人的脸该丢的就要丢，人家给你提意见了，对的，你就要接受、改正。我在机要干校上千名同志的会上讲，对党中央、毛主席，你们不能反，对我汪东兴，你们可以反。你们反对了，我接受；反错了，不要紧，今天我们一笔勾销，我们之间没有账，我不会记账。机要干校的同志听完以后都鼓掌了。

毛主席接着说：我这个人不大着急。在井冈山的时候，不是听说他们要把我开除党籍吗？我想你开除我的党籍，我也不着急，开除就开除吧！后来，他们说我被开除了党籍，就不能当党代表了，叫我当师长。在闽西的时候，把我下放了。我想下放就下放。你下放我，我就做群众工作嘛。开除我的党籍，有的同志想不通，要报告中央。我给他们说，开除党籍就开除嘛，还报告中央干什么。在湘赣边区一本油印的小册子上，我看到他们讲为什么要开除我的党籍。原因是说我讲了一句错话，叫做什么"枪杆子里面出政权"。他们说枪杆子里面怎么能出政权呢？

毛主席讲到这里时，专列上的服务员拿来《三大纪律八项注意》的歌词，毛主席叫吴旭君、张玉凤来，一起唱这首歌。当我们唱到三大纪律的第一条"一切行动听指挥，步调一致才能得胜利"时，毛主席说：等一等，这一条非常重要，步调一致才能得胜利。步调不一致，分成两派，怎么样能得胜利呢？

毛主席风趣地说：这句话要改为"步调不一致，一定要失败"。

我们唱过三大纪律的第二、第三条时，毛主席说：这两条问题不大。

当唱到八项注意的第一条"说话态度要和好，尊重群众不要耍骄傲"时，毛主席说：停！等一等，这一条也很重要，对待群众是不能耍骄傲，特别是我们的高级干部。我批示的济南军区的那个报告上说了："把自己看成一朵花，把别人看成豆腐渣。"你带部队，你当过排长、连长，如果传到你的村里去，就了不得了。

那时的情况的确是这样的。如果一个村子里出了一个排长、连长，确实"不得了"，全村的人都要去看你，去拜访你的。1951年，我回江西老家去看望我的父母亲。我父亲问我在中央当什么官，我说在毛主席身边工作。父亲听了很高兴，认为在毛主席身边工作，一定当了很大的官。我对父亲说，我是给毛主席当马夫的，您就说当马夫的人回来了，或者说当兵的人回来了。我父亲不相信，问我是不是当了连长了，我说我没有当过连长，也没有当过排长。父亲很奇怪，又问我：那你现在当的官比连长、排长还小吗？我说还小一点，也就算个班长之类的吧。他还是不信，问我当班长的人为什么出去还坐汽车？我说这是工作需要。当时在我父亲的脑子里，当个连长就是很大的官了。

毛主席接着说：到了村里边，你就不得了啦。特别是当了营长，更不得了啦。我们说话要和气，不要耍骄傲。

当我们唱到"第二买卖价钱要公平，公买公卖不许逞霸道；第三借人东西用过了，当面归还切莫遗失掉"时，毛主席说：这两条问题都不太大。好像现在还有这个习惯。

当唱到第五条"不许打人和骂人，军阀作风坚决克服掉"时，毛主席说：等一等，这条问题大。当了班长、排长、连长，不得了啦。听说还有骂人的，甚至有打人的。听说不是有人把连长打死了吗？这就是和打人、骂人，教育不妥有很大关系嘛？我们讲要遵守纪律，一定要有自觉性。

毛主席又讲到部队的教育和练兵问题。他说：过去我们部队里搞军事训练、制式教练。从单兵教练、排教练、连教练到营教练，大约搞五六个月的时间。现在是只搞文不搞武，我们的军队成了"文化"的军队了。

毛主席接着谈到在军队开展的"三好"运动。他说：一好带三好，你那一好也许带得对，也许带得不对。还有那些积极分子代表会，到底效果如何，值得研究。有些是开得好的，也有好多是开得不好的，主要是路线问题。路线不对，那积极分子代表会就开不好。你在那里搞什么所谓"超天才"（指有人吹捧林立果为"超天才"——作者注）。有人说我是天才。我只读了六年土学堂，七年洋学堂，我算什么天才呢？青年人，哪有那么多天才呢？青年人有个脾气，我批示的济南军区报告上说"看自己一朵花，看别人是豆腐渣"。对这个问题老年人、中年人也得注意。

我们把《三大纪律八项注意》歌唱完后，毛主席要求我们把最后一句"革命纪律条条要记清，人民战士处处爱人民，保卫祖国永远向前进，全国人民拥护又欢迎"重唱一遍。

重新唱完这句后，毛主席说：现在就是有几条记不清了，特别是三大纪律的第一条，八项注意的第一条和第五条，这几条记不清了。如果都能记清，都能这样做，那全国人民拥护又欢迎，这样我们多好呀！特别是第一条，步调一致才能得胜利，要做到步调一致，经常商量商量，统一思想，这样才能步调一致嘛。还有一条，不要骄傲，就是不要骄傲自满，有军阀作风的一定要坚决克服掉。

毛主席这次谈话很耐心，他再三向我们进行党的路线教育，进行党性、纪律、修养教育。

8月28日晚上9时，毛主席找了广东的刘兴元、丁盛，广西的韦国清和我谈话。

毛主席对刘兴元、丁盛不很熟悉。在谈话开始时，分别问了他们的简历，还问了一些有关部队的情况。毛主席谈家常式地提问和了解情况之后，开始了正式谈话，这样使刘兴元、丁盛等人不致在他面前太拘束。

毛主席对刘兴元、丁盛说：韦国清同志，我比较熟悉。你们两位，我不怎么熟悉。

毛主席问韦国清：韦拔群和你都姓韦，是不是一家子呀？

韦国清回答说：是五服以外的，不是五服之内的。韦拔群到广东农民运动讲习所学习过，接受过主席的教育。他回广西开展群众工作带回几本书，就在东兰县办起了农民运动讲习所。

毛主席说：不能说他向我学习了什么。名义上，我是先生，他是学生，实际上，他是先生，我是学生。要做先生，先要当学生。广西的事，他比我知道得多。可惜这位同志已经牺牲了，我对他很怀念。

毛主席又说：彭湃是广东海丰县人，家里是个大地主。他在海丰地方工作时，有一次几万群众朝拜观音菩萨，有人问他去不去参加，他说去参加。这样做是对的。他参加朝拜后，就对农民说，观音菩萨靠不住，还得靠自己才行。于是，就拿起了棍棍棒棒闹革命。他这个人善于鼓动，不善于搞组织工作。搞群众工作不怎么扎实，搞得不怎么好，后来牺牲了。他发动群众时，曾经拿自己家里的钱发给农民来搞群众运动。

接着，毛主席又把话题转到党的历史上的几次路线斗争上来。

毛主席说：你们了解党的历次路线斗争吗？我们这个党有五十年的历史。中国这么大，山头又这么多，可是没有搞成分裂。你们说怪不怪呀？从五十年的路线斗争算起，一共有十次。

毛主席在讲到陈独秀组织"列宁主义左翼反对派"时，又提到了刘仁静、彭述之的名字。

毛主席谈起井冈山时期的斗争，说：当时，瞿秋白他们在湖南弄到一个小册子，里面有我说的"枪杆子里面出政权"这样的话，他们就大为恼火，说枪杆子里面怎么能出政权呢？于是把我的政治局候补委员撤了。以后，又说中央委员也撤了。不知道怎么传到了井冈山，说把我的党籍也开除了。于是，有人就不服气，要向中央写报告。我说不要写，开除有么事要紧。我既然被开除了党籍，就不能当党代表了。但他们说可以当师长。到后来又说我可以当党代表。那时，我们只有两个团，一个是秋收起义军编成的三十一团，一个是袁文才、王佐的三十二团。以后，成立四军了，朱德同志当军长，陈毅同志当政治部主任，我当党代表。在闽西开会，叫我下台。后来有人又叫我上台，我就上台了。再有就是李立三搞了那么一阵子。六届四中全会，王明夺了权,搞了四年。中央五中全会,我是政治局委员,说是不让我参加会。1935年1月,开政治局扩大会,张闻天、王稼祥和我主持的,这就是遵义会议。张闻天做报告。我是好比一个菩萨,被放在尿缸里,沉过几下,臭得很。这次会议以后,我管事了。前面讲的这五次,我都无能为力,他们不听我的。

毛主席接着说:以后出了个张国焘,搞分裂。叶剑英同志在这件事上立了一大功,张国焘打电报给陈昌浩,说:"乘势南下,彻底开展党内斗争。"当时叶剑英同志是前敌的参谋长(1935年6月中央红军与红四方面军在懋功会师,7月21日中央军委决定红四方面军总指挥部为红军的前敌总指挥部,徐向前兼总指挥,陈昌浩兼政委,叶剑英任参谋长。——作者注),他把这个电报拿出来,给我看了,所以我们才走的,不然当时我们那些人就当俘虏了。在这个关键时刻,叶剑英是有功劳的,所以你们应当尊重他。

毛主席说:那时我们的路线是正确的,那时军队如果不到西北,哪里还有根据地,后来怎么能搞到华北地区、东北地区的根据地呢?到了陕北,张国焘又逃跑了。他是很害怕胡宗南的,后来又跑到西安胡宗南那里去了。张国焘如果不跑,要给他当政治局委员,你们信不信?

毛主席说:以后就是高岗、饶漱石,想夺权。还有去年庐山会议(即九届二中全会——作者注)。这次会议搞出来的那些东西,我看他们搞地下活动,突然袭击,是有组织、有计划、有纲领的。纲领就是"天才",设国家主席,推翻二中全会的议程和"九大"路线。这就是他们的纲领,他们是有组织的,瞒着人去搞的。中央五个常委瞒着三个,也瞒着政治局的大多数同志,除了那几位大将以外。二中全会前一段开得不好,后一段开得好,引起大家对读书学习的重视。

毛主席对刘兴元、丁盛、韦国清等人强调说：近一个时期以来，我的方针有三条：要搞马列主义，不要搞修正主义；要团结起来，不要搞山头主义；要惩前毖后，治病救人。办法也有三条，就像程咬金的三板斧，一个是甩石头。头一块石头是批陈伯达搞的语录。第二块石头是批三十八军的报告。他们整三十八军实在是恶劣，对自己的队伍怎么能那个样子的整法。整二十四军、整三十一军、整六十九军、整三十八军，为什么要整？第三块石头是批济南军区的报告，加上批语，让大家讨论。第二个办法是掺沙子。第三个办法是挖墙脚。

毛主席问他们：你们对庐山会议怎么样看法？

毛主席接着说：犯了错误，就做检讨。你们犯的错误，不就是拥护我这个天才，要我当主席。我怎么能是天才呢？我读过六年孔夫子的书、七年资本主义的书，1918年到北京大学图书馆当了管理员，可不简单呢！一个月的薪水八块大洋。不过宿舍很小，冬天很冷，没有煤炭烧炕。我们八个人挤在一个炕上，不能平着身子睡，只能侧着身子睡，面积不够。那七个人都是要出国留学的，到法国搞勤工俭学的。那时图书馆里有暖气，我晚上就到那里去睡觉，又取暖又看书，开始看马列主义的书。我就在这个时候读了马克思、列宁主义的书。

讲完党的历史上所发生的路线斗争之后，毛主席转向韦国清。他表扬韦国清，说：我看你这个人太文了一些。打奠边府的时候，你是坚决主张打的。开头他们不听你的，你很厉害，他们就听了。

韦国清说：我是根据主席的指示办的。

毛主席问韦国清说：你们那个民族（指壮族——作者注），人口增加了一些吗？得有四五千万人了吧。可以编几十个师。南方几个省能打仗的，第一是广西，第二是广东，第三是湖南，你

(指汪东兴)那个省(即江西——作者注)算第四。

讲到这里,刘兴元汇报了工作情况。毛主席听完汇报,说:陈独秀那个人是不讲民主的。今天我听你讲了十分钟,陈独秀办不到,他不听。办农民运动讲习所,开始他不同意,后来说同意啦。我说,那就请你通知招生吧。我开始招生的名额当中,他说农民比例太大,工人比例太小,不行。其实那时农民四万万人口,工人只有二百万,应该多培养农运干部。不过陈独秀也有个长处,就是不爱财。他穿的衣服倒都是干干净净的,办公桌上的东西都是摆得整整齐齐的。

接着,丁盛向毛主席汇报说,在延安整风中学过两本书,对他帮助很大,后来还参加过"七大"。

毛主席听后说:你参加过"七大",了不起呀!你们(指刘兴元、韦国清、汪东兴——作者注)有没有参加呀?

汪回答毛主席说:我参加了。我是"七大"的候补代表。

毛主席随即谈到要学习理论,讲到延安整风学习的事。他说:延安整风时,提出来要编书。后来叫王首道负责编书,编出来后,不行。改由胡乔木编,这个人有点知识,他收集和研究了那么多的文件,编了两大本,印出来,让大家讨论。通过学习,这才把问题弄得比较清楚了。

毛主席转向丁盛问:你打过些什么仗?

丁盛回答说:打过锦州。

毛主席说:打锦州时,有一个部队把蒋介石的增援部队挡住了,打得好。

讲到打锦州,毛主席想起一个动人的故事,他兴奋地说:我听说打锦州的时候,部队住在苹果园里面,不摘苹果吃。我就说,我们的部队有希望。

毛主席接着说:到了北京时,就有人提出要给部队增加军饷，说资本家吃大米、馒头，我们的部队吃酸菜，生活太苦了。增加军饷才能和资本家比。我说我们的军队只吃酸菜，又能打仗，这就很有希望。为什么要增加军饷呢？提这个意见的人，是代表吃酸菜阶级的人说话的。

毛主席跟着强调：军队要谨慎，不能骄傲，一骄傲就要犯错误。我很久没有抓军队工作了，现在要抓军队工作。抓军队无非就是路线学习，纠正不正之风，不要搞山头主义，要讲团结这些事情。进城以后，管军队工作开始时是聂荣臻。以后是彭德怀，他是打了胜仗的人嘛。以后就是林彪。他管不了那么多，实际上是贺龙、罗瑞卿管得多。以后是杨成武。再以后是黄永胜当总长，又是军委办事组的组长。办事组里面有一些人，在庐山会议上搞出那么些事来。我看黄永胜这个人政治上不怎么样强。第一军队要谨慎，第二地方上也要谨慎。军队要谨慎，首先不要搞山头主义。庐山会议上他们搞的那些语录，李德生同志就有意见。我说李德生这个人好蠢，你不是那个山头的人，别人的山头可以给你呀？好的宝贝怎么会给你呢？

说到这里，毛主席沉思一会，把谈话内容转向"天才论"。他说：《国际歌》里面包括了马克思主义全部的立场、观点。你们看，那里面讲的是，奴隶们起来为真理而斗争，从来就没有什么救世主，也不靠神仙皇帝，全靠自己救自己。是谁创造了人类世界，是我们劳动群众。在庐山会议时，我写了一个七百字的文件（即《我的一点意见》——作者注），就提出是英雄创造历史，还是奴隶们创造历史这个问题。你们都讨论了吗？《国际歌》就是要团结起来到明天，共产主义一定要实现。学马克思主义就讲团结，没有讲分裂嘛。《三大纪律八项注意》那个歌，你们要注意三大纪律的第一条，八项注意的第一条和第五条，这是重点。没有重点就没有政策。

四、"庐山这件事,还没有完"

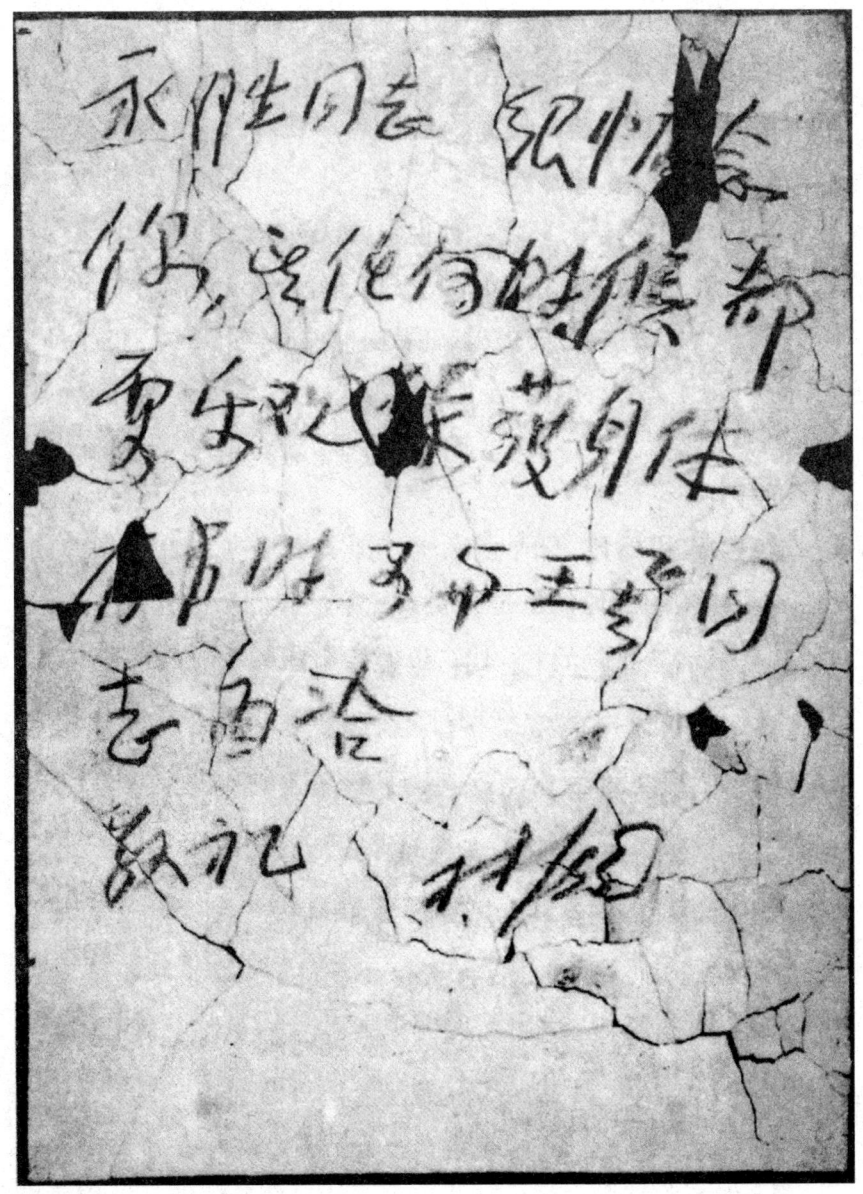

■ 林彪给黄永胜的亲笔信

接着丁盛汇报他的战斗经历。当讲到冀东暴动的情况时,毛主席说:邓华这个人,跟着别人犯过错误,我对这个人寄予希望。杨勇被抓究竟是怎么一回事?钟赤兵这个人被敌人打掉了一条腿,是在娄山关被打掉的,你们不要歧视他。他是打娄山关负伤的。当时我看见一副担架抬着伤员,我问他叫什么名字,他说他叫钟赤兵,当团政委。这个人似乎可以到你们广州军区,科委有人歧视他。

毛主席接着讲学习问题。他说:要认真读书。罗瑞卿当参谋总长的时候,让他和陈伯达商量,搞个读书目录,搞出来了三十本书。我看可以。以后又提出来说这样会妨碍学语录,把学理论的事停下来了。高级干部连什么是唯物论、什么是唯心论都不懂,怎么行呢?读马、列的书,不好懂,怎么办?也是有办法的,可以请先生帮。

丁盛继续讲他打锦州的事。谈到将俘虏补充部队的情况时,毛主席说:是的。他们也是劳动人民嘛!我们历来有这个政策。打天津,第一个师伤三千,死亡也不过几百人,一下子就补充了四五千。在西藏平叛时,你们打急了,应该抄敌人后面的退路,堵住它,就好消灭它。中印边境作战时,有一个部队从生产的地方拉出来,上前线打仗,并且打得很好。我觉得我们的军队很有希望。

当丁盛讲到他自己参军的时间和在红四军工作的情况,毛主席笑着对他说:你可不能摆老资格,不要搞宗派啰!

毛主席又指着刘兴元说:你也要注意。

毛主席接着说:韦国清,你虽是红七军的,可也编到三军团了。你们几个人都是我这个山头的啊,可要注意!

毛主席说:你们(指广州军区——作者注)写的三支两军的文件,我看了,一些问题解决得不算彻底,但还可以。我在中央的批语上加了四个字:"认真研究",就是要引起大家重视。我们的干部,大多是好的,不好的总是极少数。不好的要给予适当的批评,好的要表扬,但不能过分。不能捧得太高,比如有人说

四、"庐山这件事,还没有完"

"超天才",对二十几岁的人(指林立果——作者注)就捧得这样高,这没有什么好处,实际上是害了他。地方党委已经成立了,地方党委定的事,要拿到部队党委来讨论,这不是颠倒了吗?地方没有成立党委以前可以,地方已经有党委了,就不能那样办了。

毛主席最后说:我一向不赞成自己的老婆当自己的秘书和办公室主任。你们这几位夫人怎么样?做工作要靠自己动手,亲自看,亲自批,免得误事。今天就讲到这里。

8月28日,毛主席与刘兴元、丁盛、韦国清和我谈话后,为了领会毛主席谈话的精神,我们座谈讨论了一次。

8月29日,我将这次座谈的情况向毛主席汇报。毛主席边听我的汇报,边插话,边交谈。

当我汇报到刘兴元、丁盛、韦国清在座谈会上检讨他们在九届二中全会上所犯的错误时,毛主席说:现在看来,是马列主义没有学好。

毛主席问我:你对丁盛、刘兴元了解不了解?

我说:不了解。只是在开会时有点来往,平常没有联系。通电话也是因为有事要办,没有深谈过。这一次他们谈得深一点,摆了摆思想问题。

毛主席又问:你们知道不知道这里面的原因是什么呢?

我回答说:主要是学习问题。

毛主席说:对呀。我经常提到这个学习问题。大家在这方面口头上是同意的,但在实际中看法就不统一了。你看,这一次在庐山会议上,搞了一个称天才的语录,自己又不看马列主义的书,陈伯达搞的那一套就相信了,而且照着念,照着引用。

毛主席对我说:你在会上没有念这个语录。

我又讲了庐山会议上陈伯达要我打印称天才语录的事,毛主

■ 1971年，毛泽东主席在南巡途中与警卫部队的合影。

席听我讲完后说：这个没事。你是办公厅主任，你不是有意要打印陈伯达搞的语录。他是常委，他要你打印一些东西也是可以的，以后也没有用上。总理让封存起来，你就封存了，没有扩散。这是对的。

毛主席接着说：你发言被人利用，这是事实。在湖北检讨以后，我对你比较放心了。你没有什么问题。

毛主席多次这样说，为我"解脱"。

我说：我还是有错误。

毛主席说：当然，你发了言嘛。

毛主席关心地对我说：行政工作、组织工作，你是有一些办法的。你也是爱读书的，马列主义还是要学。我是关心你的。你去党校读了一年，你说你觉得用马列主义联系实际不够。我按你的要求把你下放了三年。结果，现在看来，要学好马列主义是不容易的，联系实际用好马列主义更困难。你在政治方面运用马列主义要加强，光读马列主义的书还是不够的，还要读点历史，读点经济学，读点小说，读点哲学史。

毛主席讲完这段话后，为了强调学习历史、学会运用历史知识的重要性，对我讲了一段三国时期诸葛亮巧用空城计的故事。他说：司马懿这个人，怀疑心很重，诸葛亮没有兵力守城，赵子龙一时又赶不回来，城内空虚，结果诸葛亮就对他用了空城计。空城计的故事，能启迪人具体运用战略战术。

毛主席接着说：《水浒》、《三国演义》、《红楼梦》、《金瓶梅》，这都是文学作品，很重要的，是反映政治性的小说，体现了艺术性和思想性相结合的完美，写得很好，语言也很生动活泼。

毛主席还嘱咐我把这些话向刘兴元、丁盛、韦国清等人传达，另有机会时向政治局传达。

毛主席当时还考问我，要我回答什么是马克思主义的三个来源和三个组成部分。我回答说：三个来源是德国的古典哲学、英国的古典经济学和法国的空想社会主义；三个组成部分是哲学、政治经济学、科学社会主义。毛主席见我很快回答出来了，表示满意。

毛主席又对我说：《共产党宣言》这一篇文章写得好。那个时候，马克思、恩格斯写《共产党宣言》时比你年纪小，只有三十岁左右。你看人家！

毛主席鼓励我刻苦学习，不断上进。

毛主席说：在党里为人也好，在社会上为人也好，个人为人处事也好，都要以团结为重，要辩证地看人，两点论地看人，变化性地看人。一分为二是辩证的嘛，两点论也是辩证的嘛。

针对我为人做事过于"认真"毛主席说：为人不可太认真了，水至清则无鱼（《汉书·东方朔传》：水至清则无鱼，人至察则无徒。——作者注）；不看书不懂文学，不做工作不懂事。你干事太认真，这样的话就好比水太清了，鱼就无法生存了。

毛主席对我了解得很透彻，有时他甚至笑我：我有时说笑话，你也当真，也当做指示吗？

我说：我不，我区别得开，但我会认真对待您说的话。

其实毛主席是最认真的人。我对他讲的话，交办的事，丝毫不敢怠慢。在转战陕北时，他要求太严格了。有一次，贺老总送给我们一些腊鱼、腊肉。有一天吃饭时，我让炊事员做了一些给毛主席吃。当时，我和周副主席、彭德怀在另一个食堂的桌子上吃饭，我们也有腊鱼、腊肉。刚开饭，毛主席就叫我过去，他狠批了我一顿。我回来后告诉了周副主席、彭德怀，说毛主席批评吃鱼吃肉了。彭德怀听我一说完，马上就说：是呀，吃得这么好，像个土豪一样。土豪有时也吃不上呀。

这时他们已经吃完饭。周副主席说：你刚才吃饭前怎么不讲，你应该有先知先觉，在毛主席批评前说出来。现在我们都吃完了，腊鱼、腊肉很好吃，我们还嫌不够呢。

周副主席让我赶紧把饭吃完，并说还给我留着两块肉哩。当时，我吃肉时，那个难受的滋味，就别提了。

毛主席围绕为人做事对我说的那些话，对我的教育，直到现在，我还牢牢地记住它、实践它。

8月30日，毛主席在离开长沙去南昌的前夕，又找刘兴元、丁盛、韦国清、华国锋、卜占亚谈话。我也参加了。

谈话一开始，毛主席就问大家：你们谈了两天了吧，怎么样？

我们各人简要地汇报了两天中学习讨论主席指示的情况。

四、"庐山这件事，还没有完"

听完大家谈过以后，毛主席针对林彪一伙人的问题发表意见说：现在不要做结论，结论要由中央做。九十九人的会议（指1971年4月中央召开的批陈整风汇报会议。——作者注），你们都到了，总理也做了总结讲话，发了五位大将的检讨（指黄永胜、吴法宪、叶群、李作鹏、邱会作五人的检讨。——作者注），还发了李雪峰、郑维山两个大将的检讨，都认为问题解决了，做了总结了。其实，庐山这件事，还没有完，还没有解决。大家也都认为陈伯达做得不对，搞了一个称"天才"的语录。什么论"天才"，二中全会做了相当的结论，《我的一点意见》就是专批天才论的。我并不是不要说天才，天才就是比较聪明一点，天才不是靠一个人靠几个人，天才能靠一个人吗？天才是靠一个党，党是无产阶级先锋队嘛。

接着毛主席谈到党的状况和党的历史问题。他说：全党人多，我们党有二千多万人，坏人不过是百分之一。这百分之一呢，叫做"吐故纳新"。还要挂起来一点，不过不多了，清理和挂起来的，就算百分之三。党内还有落后的分子，或者比较而言的。这些问题几年之后，或者十几年之后才能做结论。因为现在不打仗，没有陈独秀。那个时候（指民主革命时期——作者注）是天天打仗，是急风暴雨式的革命形势，很快就表现出来了。陈独秀他们81个人跑出去了，发表了声明，八七会议前，采取南昌暴动的政策是对的，南昌暴动基本上是正确的，后来是路线上犯了错误，但是取得了经验也是好的。城市不那么搞了，靠外援靠不住的，还得靠自己。没有兵怎么样办？靠发动群众，还有俘虏兵嘛，他们也是群众。因为他们是国民党抓兵抓来的。我们把他们俘虏过来，就是把他们从敌人那里分裂出来。

毛主席再一次提出：听说三大纪律八项注意的教育不注意了。三大纪律的第一条，八项注意的第一条、第五条，都很重要。这是重点。没有重点就没有政策。没有政策怎么样做工作呢？要很好地抓住重点，学习和讨论，不借鉴历史和政策，怎么行呢？当然现在你们还不能向战士们讲庐山会议的问题啦。

毛主席又说：庐山会议他们为什么要搞这个，收场又这么样快，我们也不懂。刘建勋同志说搞了一天半，我说搞了三天，从开始的那一天，他们就搞起来了。

毛主席这样说，显然指的是林彪。因为会议开始那天林彪讲话和他讲话的内容，事先都没有报告党中央、毛主席。

毛主席接着谈到党的九届二中全会上林彪一伙的问题：如果你们有理，你可以坚持，为什么那股妖风刮了三天就不刮了呢？为什么要收得那样快呢？各大组组长都参加了政治局常委会的讨论，说要收回简报。你们的组长是谁呀？

在座的他们几个同志讲，我们中南组的召集人是曾思玉。曾当时是武汉军区的司令员。

毛主席说：总而言之，将来要把简报发给大家看。大家评论，是革命的，是半革命的，还是反革命的？不要受群众落后议论的影响。这些落后的包括你们在内。不然的话，为什么被大家一股台风一卷，就把你们卷进去了。

毛主席说：军队历来就是讲雷厉风行的作风，我赞成。但解决思想问题，不能雷厉风行，一定要摆事实、讲道理，谁有道理听谁的。我历来就没有什么意见的，我的意见都是下边来的，下边是供应站。陈伯达给我几条语录，三十八军给了我一个报告，汪东兴那个自我检查，济南军区的反骄破满的报告，刘子厚也给了我一点材料。我有什么东西呀？我是向他们学的，然后我就打石头。

毛主席说：我看今后你们也应该这样。你们有什么学问呢？我不清楚。无非是找工人、农民开上两个会，然后总结一下。有些人一总结就说什么英明、伟大呀！英明领导啊！其实我算什么英明领导，一说英明领导，我就不寒而栗。我并不是什么英明领导，我不过是在下面的报告上批上几个字，写上几句话，下面供给材料给我的脑子进行加工。

毛主席接着说：你们都说过英明领导吧？当然，没有领导不行。没有一个英明领导，那你那个广东省怎么能管得起来呢？广州军区三个省有一亿多人口，你们管得起来吗？不过你们心中要有个数，不要在报纸上登（指毛主席讲的这些话——作者注）。我到处走一走，和你们吹一吹，人数不要太多了。庐山会议上讲了要读书，我希望你们今后多读点书。

谈到这里，毛主席指着刘兴元问：你会写文章吗？

刘兴元说：不会。

毛主席指着丁盛说：你呢？

丁盛说：文盲。主席的书还可以看得懂，外国的书看不懂。

毛主席说：那怎么样办啊？请先生帮。你们都是书记，你们还要当学生。我现在天天当学生，每天看两本《参考资料》，上午一本，下午一本，所以懂得点国际知识。有的人太忙了，只是看了一份《参考消息》，太少。你们没有时间，可以拿来叫秘书、秘书科长们看，他们看了以后，给你们的耳朵里吹一吹风。我看《参考资料》可以多印一点，看的人多一点。如果有的人不看，由他们去。

毛主席回过头来又谈九届二中全会的问题。他说：庐山这一次的斗争，同前九次不同。前九次都作了结论，这次保护林副主席，没有作个人结论，他当然要负一些责任。我看他呀，那些人帮了他的倒忙。那些人也不和我通气。你们经常和我通一通气，也可以嘛。给你们通气了没有？

我们回答说：没有。

毛主席说：我这一次也是给你们通个气吧！要把脑子里的东西向人家讲出来，把正确的、错误的都讲出来，就舒服了嘛。像汪东兴，沾了个边，他在一千三百人的会上做了几次检查，他也没有倒嘛。你把心里的话说出来了，倒不了。当然，也有少数人幸灾乐祸。

毛主席讲到这里，看了我一眼。我补充了一句，说：我一共做了三次检查。

毛主席接着说：少数人说汪东兴下不了台了，但多数人还是说他检讨得好，其中包括我的护士长、服务员、护士都说好。

那时，毛主席对我的情况是做了调查的。他曾经问他身边的服务人员：汪东兴怎么样了？他还抓不抓我这里的工作了？我看他每天还到这里来呀。

服务人员报告毛主席说：汪主任他一方面检讨，另一方面对您这里的工作从来没有放松，还是同以前一样。对我们也一样，该办的事还在办。

毛主席望着刘兴元说：我看你这个人比较爽快，说话不那么吞吞吐吐。

刘兴元回答：我有急躁粗暴的毛病。

毛主席说：我这个人也急，要改。军人搞惯了，就是急。急不好。战士才不管你呢。对战士管得要合理，要有理，就是合乎事实，讲道理。你们听了我这一吹，又是什么英明伟大呀，又是英明领导呀，又是很多都是新东西呀，没听见过呀！

讲到这里，毛主席转眼看了看大家。

韦国清接上话头说：我们听了很受教育。

毛主席笑着说：看，你又来这一套了吧。

毛主席专门向大家讲了他的谈话与在北京召开的九十九人的批陈整风汇报会谈的有所不同，他说：我说的这些，超过了九十

四、"庐山这件事，还没有完"

九个人的会议总理做的总结了，是当做个人意见提出来的。比如华北组的简报究竟是革命的，还是反革命的？还应该讨论。总而言之，它是不大好的就是了。不然的话，为什么要往回收呢？有几位大将，在各组放风，也不是那么妥当的吧。后来一说不行，就又慌了手脚。起先那么大的勇气，大有炸平庐山，停止地球转动之势。可是，过了几天之后，又赶忙收回记录。你看，才有几天呀，翻来覆去的，既然有理，为什么收回呢？

毛主席说：我们的高级干部不成熟。那次庐山会议也不过是二百几十个人，我本人也是二百几十个人中间的一个，还有一些高级干部。这次我给我们的高级干部吹一吹风，有中央委员，卜占亚他不是中央委员，我也跟他吹了，跟一个军区的政委吹吹风，还不行吗？华国锋同志，你满脑子的农业，当然，你也讲了农业路线问题，可是光有你的农业也不够，还要考虑到东西南北中，党政军民学。回去能吹的就吹，不能吹的就守纪律，试试看。我一个人不能做决定。不要普遍搞，你们要个别的吹一吹风。

在谈到当时各地召开的学习毛主席著作积极分子代表大会的问题时，毛主席说：过去，积代会到底效果如何？值得研究。北京开的有缺点。首先是总参谋部召开的那个积代会，他讲"大树特树"，别人一句也不能讲。听说他那里有一个护士，说了一句不赞成的话，他们就不饶她。"大树特树"，不妥当。名曰树我，不知树谁人，其实是树他自己。我还要他来树吗？现在我已经树得了不得了嘛。

后来，据杨成武同志讲：受到毛主席批评的《大树特树毛泽东思想的绝对权威》那一篇文章，是总参政治部组织人写的，陈伯达与中央文革小组叫署上杨成武的名字。杨成武说这篇文章他没有看，那时他正和我陪毛主席巡视南方。

毛主席接着说：后来，国防科委开的积代会也不好。国防科委开积代会，有人还打电报祝贺，其实这是造声势，找一班人拥护自己。

毛主席对刘兴元、丁盛说：你们和黄永胜的关系那么深，黄永胜倒了怎么得了呀？他是办事组里边井冈山的独生子。

毛主席是说在军委办事组的主要成员中，真正从井冈山下来的只有黄永胜一个人。吴法宪、李作鹏、邱会作都不是，他们是在瑞金以后参加革命的。真正跟毛主席在井冈山的，只有黄永胜。

毛主席说：黄永胜是湖北咸宁人，17岁就当兵，原是叶挺部队警卫团的一名战士，这个团没有赶上南昌起义，在江西修水参加了秋收暴动，然后上的井冈山。

毛主席说：现在南方干部比较少了，高高在上了，稀稀拉拉了。北方干部多起来了，我很高兴，但是不要翘尾巴。总的来说，我们是有缺点的布尔什维克，这也没有关系。

毛主席特地嘱咐说：不要公开讲这次庐山会议，因为中央还没有做结论，你们只是说九次路线斗争就可以了。这是说现在的路线斗争还有些问题，不要像我跟你们说的这一套。但是，我们军队应该进行教育，所有的高级干部都应该弄清楚我和你们吹的这些。军长、政委那么多，怕来不及。其实人家都知道了，什么"小小老百姓"啊！"小小老百姓"是谁呢？河北人都知道。总之，就是路线问题、山头问题、团结问题。我是程咬金的三板斧。我是到处讲。不管谁犯了错误，不讲团结，不讲路线，总是不大好吧。回北京以后，或者一个一个的，或者三个四个的，还要再找他们谈谈。他们不找我，我去找他们。

当时，毛主席确实是打算回到北京以后，再找林彪他们谈谈的。

毛主席接着说：方法就是三板斧，甩石头、挖墙脚、掺沙子。

陈伯达这个"小小的老百姓",他搞挑拨离间,他的话也不讲完。我们现在在下边,也不公开批评,批陈整风我们还叫批修整风。我们党是有纪律的。庐山这场斗争,还没有听到外国人说什么,华北开了一个多月的会,后来他们又开了三个月的会,可是没有发现外国人说什么。总而言之,无论干部、战士,全国党员有二千多万,讲百分之三的话,稍微大了一点吧?(这时大家插话说:百分之三大了一些,吐故纳新只有百分之一左右,包括挂起来的,不到百分之三。)现在我希望你们试试看,用三大纪律八项注意教育战士,教育干部,教育群众,教育党员和人民。这个问题很简单,不要那么长篇大论的报告。

讲到这里,毛主席看了看桌子上的表,说:今天我要走了,我这一路都要谈下去。

韦国清又表示:主席的谈话,对我们教育很大。

毛主席说:又是英明了吧,从来没有听说过吧。九十九个人的会议,刚已经讲了吧。马克思经常讲,不要看人家的声明,要看行动。声明无非是讲在口上,写在纸上,那比较容易,真正地实现,就难了。这个问题没有解决,可能要看几年、十几年、二十年吧。人们说:盖棺论定。我说有的人盖棺也不能论定。斯大林不是盖棺论定了吗?没有论定。

这时,毛主席又引伸地谈到斯大林的问题。毛主席说:斯大林搞雅尔塔协定(指1945年2月4日至11日,苏、英、美三国政府首脑在苏联克里米亚半岛雅尔塔举行会议。——作者注),他们要瓜分世界,把中国的蒙古(指当时的外蒙古——作者注)划出去,把新疆、东北划给苏联的势力范围,别国不能去;把日本划给美国的势力范围,你们知道不知道呀?

毛主席接着谈起中苏关系,他说:在朝鲜打仗时,两国关系比较好一些。《中苏友好互助同盟条约》和雅尔塔协定是两种不同的问题。签订《中苏友好互助同盟条约》，在内部争论时，他们说东北、新疆不容许第三国人进入，我们说东北还有二十万朝鲜人，有的还没有加入中国国籍，怎么办？他们答不出来。还有他们不许我们夺取政权，联共党始终是反对的，有电报还在。

抗日战争胜利后，斯大林曾给我们党来电报，说不能打内战，如果打内战中华民族有灭亡的危险。

毛主席针对这个问题说：如果说国家有灭亡的危险还可以，民族怎么能灭亡呢？所谓民族，就是讲人嘛，几亿人口的大国，怎么能灭亡呢？我是顶了他们的。我们党内也有相当的人当时不想夺取政权，也不讲夺取政权。

毛主席再三说：我讲党的十次路线斗争问题，没有一次把党分裂掉的，这个问题，值得研究。这么个大国，这样多人不分裂，只好讲人心、党心，党员之心不赞成分裂。苏联形成布尔什维克、孟什维克。我们党分裂的基础是有的，特别是王明的那一次。

在座的有人问毛主席：对高岗、饶漱石，苏联是不是拉了他们一下。

毛主席说：拉是拉了他们一下。

毛主席讲到高岗的问题，使我想起了我陪同毛主席出访的一件事。在莫斯科时，毛主席曾当面问过我：听说过有告洋状的吗？知道不知道告洋状是什么意思呢？

我想了想回答说：告洋状就是把中国的事情向外国人讲。

毛主席点点头说：是这个意思。

显然毛主席当时是指高岗等人告洋状。

毛主席说：从历史上看，我们这个党是有希望的。过去张国焘搞分裂，把共产党的武装对立起来，但没有搞成。

在结束这次谈话时，毛主席鼓励大家：很有希望。还是要实行"惩前毖后，治病救人"的方针，团结起来。

（三）毛主席在南昌的谈话

8月31日，毛主席决定去南昌。当天上午10点多钟，我们就把专列准备好了。12点半，我送毛主席到长沙火车站，火车不到下午1点钟就开走了。

我送走毛主席后，又回到住地，把文件等东西收拾好，然后就去吃中午饭。

下午1点半钟，我坐的飞机起飞了，到南昌是2点钟。

毛主席在湖南时，已经要我通知许世友和韩先楚到南昌谈话。我到南昌后，又用我坐的飞机把许世友从南京接来，韩先楚坐福州军区的飞机由福州到南昌。

许世友、韩先楚是下午5点钟左右先后抵达南昌的。他们到了以后，我按照毛主席的指示，向他们和江西的程世清一共三个人传达了毛主席在湖北、湖南的谈话内容。我是以提纲的方式传达的，重复的内容只讲一遍。传达从下午5点半开始，到7点半结束，共传达了两个小时。

8月31日晚9点，毛主席抵达了南昌。我们一起到专列停车处去接毛主席。

专列停好后，我们上了车。毛主席在车上与我们谈了几句。毛主席说：车既然停好了，许世友也刚来不久，那就干脆到住地去谈吧。

我们送毛主席到住地，安顿下来。晚上10点多钟，毛主席就同许世友、韩先楚、程世清和我开始了在南昌的第一次谈话。

毛主席开门见山，讲党的历史和路线斗争问题。他说：中国共产党的十次路线错误，是要分裂党，但没有分裂成。

毛主席对许世友说：在长征路上，张国焘搞分裂，他们成立伪中央，你是清楚的。

许世友赶紧说，伪中央没有他，有陈昌浩等人。

毛主席听许世友说到陈昌浩等人时，摆了摆手，表示他没有问许世友这些，不希望许世友讲下去。其实，张国焘搞的伪中央的名单，中央早就知道了。

毛主席接着说：陈独秀搞分裂，有81个人组成"中国共产党列宁主义左翼反对派"。头一名是陈独秀，第二名是彭述之，第三名就是刘仁静。他们还发表了文告（指1929年12月10日，陈独秀等81人公开发表的《我们的政治意见书》。——作者注）。

毛主席接着又谈到庐山九届二中全会的问题，问程世清说：去年的庐山会议，吴法宪向华东空军系统的王维国、陈励耘、韦祖珍这几个人打了招呼，有没有你程世清呀？

程世清赶忙对毛主席说：我有错误，吴法宪对我有影响。主要的错误是我的思想没有改造好。

毛主席又问许世友说：许世友同志啊！你与上海、浙江的关系有些紧张、有些问题呀？

许世友马上回答毛主席说：我与上海的关系比较好。文化大革命开始后，张春桥一直是保我的，一直是为我说话的，并且有我的大字报时，他还派人去覆盖。

毛主席说：覆盖不对。不应该覆盖嘛，让人家去看嘛。有什么关系呢？

许世友说：我与王洪文的关系也比较好。

在当时的条件下，许世友讲这些话也是可以理解的。

毛主席对许世友说：你这个许世友呀，应该高抬贵手，刀下留人。

毛主席说过"刀下留人"的话后，许世友紧张了，他有些怕

■ 毛泽东主席在南巡途中与身边工作人员的合影

了。他说：哎哟，我和浙江南萍的关系请中央派人来调查。

毛主席说：据说舟山的问题到现在没有解决。你这个司令员没有责任呀？那样搞武斗，南萍有责任，但是都是南萍的责任吗？

毛主席转向韩先楚问道：你是湖北人吧？

韩先楚回答说：我是湖北人。

毛主席说：湖北的人我认识得很多，也可以说是不少吧。有个李求实是湖北人，有项英是湖北人，有黄负生，有施洋，有董必武，还有恽代英，这些都是我们党的名人嘛。这些都是湖北佬。

韩先楚只是笑，没有说话。

毛主席兴奋地说：湖北出人才呀！

毛主席接着说：汪东兴向你们传达了武汉、长沙谈话的内容，讲了庐山会议的问题。缔造人民解放军、领导我们军队的人，能缔造、能领导，就不能指挥吗？他们把缔造和指挥分开，难道缔造者就不能指挥呀？另外，我们这个军队是不是哪一个人缔造出来的呢？或者是哪几个人缔造出来的呢！我看不是，人多着呢。朱德、恩来、贺龙、刘伯承、叶挺，这么多人发动的南昌起义，他们就不能指挥了吗？

毛主席接着指出：南昌起义后，由于在指挥上、路线上有错误，起义军南下广东潮、汕地区与敌人作战，结果损失很大，最后余部又被迫返回到江西、湖南一带。

毛主席又说南昌起义以后，指挥上、路线上有错误，想依靠外国人。朱德同志当时到了桂东地区，他有一个同学、朋友，姓范，叫范石生（范石生是当时国民党军队的将领。朱德同志早年在云南陆军讲武堂的同学、至交。——作者注），关系不错，搞到一起，范送了他一点枪、钱、衣。

毛主席再次说：军队的缔造者、领导者就不能指挥，这是不对的。缔造者、领导者也不是少数人，也不是我毛泽东一个，也不是你林彪一个，我们党内还有很多同志是领导兵暴的、领导军队的。

毛主席说：张国焘在长征路上搞政变，他也是缔造者、指挥者。但是，他指挥军队搞分裂，拿军队作为本钱来搞分裂，那就不好了。长征时，同我们一起的右路纵队，有四军、三十军，这两个军同我们一起过的草地。他们当时把枪丢给干部团的学生，我还是要他们把枪带上，他们愿意回去就回去，张国焘有命令嘛。他们不愿意回去，我们也欢迎。当时不能帮忙，军队不能帮忙，都拿着枪啊。张国焘打电报让他们回去，他们也愿意回去，那就回去吧！李先念和许世友都是和我们一起过的草地，后来还是回去了。

毛主席对许世友等人说：你们和张国焘是一个部队的，你们要接受这个教训。后来你们不是和我们又会合在一起了嘛（韩先楚、程世清随红二十五军长征，没有卷入张国焘分裂活动。——作者注）。

毛主席谈的这些话，显然是有针对性的。因为在座的几位司令员当时都掌握着军队，并且有的是四方面军的人。全党要团结，不要搞分裂。毛主席是希望、并且提醒他们注意吸取历史的经验教训。

这时许世友转换了话题。他对毛主席说：主席呀，有"五一六"分子怎么办呀？

毛主席说：怎么又谈到"五一六"啦？

许世友说："五一六"在南京相当厉害。文凤来是"五一六"分子，这个人到上海，要毒害毛主席。

毛主席问许世友说：毒害我的事，你们查清楚了没有呀？

许世友回答不出来。

毛主席说：这件事，你们要查清楚，不忙作结论。

接着，毛主席问许世友：你们南京军区不是有一个有名的王、林、鲍吗？还有别的人？他们都是造反派吗？

毛主席是指除了王必成、林维先、鲍先志（王必成当时任南京军区副司令员，林维先当时任南京军区副司令员兼参谋长，鲍先志当时任南京军区副政治委员。——作者注）之外，还有一些干部，难道他们都是造反派？

许世友说：他们都是造杜平的反。

毛主席反问许世友：他们为什么不造你的反？

许世友回答说：不。他们不造我的反。

毛主席对许世友说：你这个地方缺少一个"宰相"。"宰相"很重要啊！我准备另找一个政委帮帮你的忙。

最后，毛主席又提出了学习的问题。毛主席说：现在有个口号，叫作工业学大庆，农业学大寨，全国人民学人民解放军。要加一条，人民解放军学全国人民。

后来，中央的文件和社论把毛主席的这一指示公布了。

这是毛主席在南昌的第一次谈话，大约谈了一个半小时左右。毛主席谈完后，时间已到夜间零点。毛主席要我组织许世友他们座谈一下。

9月1日，毛主席休息。这天下午，我们按照毛主席的指示进行了座谈。当天下午给毛主席检查身体，发现体温升高了，38度多。他患了感冒，晚上卧床休息。

9月2日上午8点钟，毛主席就起床了。毛主席问我：我们要走了，怎么办？

我说：您看呢？

毛主席说：还是见他们一下吧。

我马上就通知许世友、韩先楚、程世清来。可是怎么也不找着他们。我想这可糟糕了。找了半个小时，才知道他们打猎去了。我马上派人把他们喊了回来。

毛主席这一次与他们见面谈话的时间不长，比较简单。

毛主席对他们说：今天我要走了，汪东兴同志向你们传达的我在路上谈话的情况，你们也谈了谈。你们昨天座谈得怎么样？有什么新的意见没有？

韩先楚先发言。他说：我在座谈会上说，要听毛主席的。九届二中全会我们大家都起了哄，我们犯了错误，我们做自我批评，请主席放心。

许世友请示毛主席说：主席，您到浙江找不找我们解决这个问题？

许世友提问毛主席的是不是要解决他与南萍闹矛盾的问题。

毛主席不准备解决这个问题，便说：不谈这个问题。到浙江不谈这个问题啦！

许世友问毛主席说：我回去吗？

毛主席说：你回南京去吧。下午我也走了。

大家再也没有说什么。9月2日上午的这次谈话，连寒暄、握手的时间在内，40分钟就结束了。我们和毛主席吃完中午饭后，便离开了南昌。

从南昌到杭州，专列走了近13个小时。毛主席在车上一直休息，抵达杭州的时间是9月3日的零点。

（四）毛主席在杭州的谈话

9月3日零点，专列抵达杭州后，在笕桥专用线上停放。毛主席在车上找南萍、熊应堂、陈励耘和我一起谈了话。当时，南萍任浙江省革委会主任、省军区政委，熊应堂任省军区司令员，陈励耘任空五军政委。这次谈话持续了一个多小时。

开始谈话时，毛主席问南萍：你们省里现在的情况怎么样？

南萍主要汇报了浙江天旱与抗旱的情况。

毛主席听后说：天不帮忙噢！

毛主席很快把话题扯到九届二中全会的问题上。他问南萍、陈励耘他们：庐山会议你们有什么错，听说吴法宪找你们谈了，他搞的那一套，说不是有八个人嘛？

毛主席看着陈励耘，又问道：其中有你一个，还有上海的那个王什么（指王维国——作者注），还有福建的那个叫什么？是不是就是那几个人。你们空军就八个中央委员嘛？

陈励耘听了立即紧张起来，慌忙解释：在庐山，吴法宪找我布置空中警戒时，阴一句，阳一句。这个人说话不算数的。

毛主席听后顺着说：是啊，说话不准确！

接着陈励耘又说：上山前都不知道他们这些事。

毛主席说：噢，上山前你不知道。空军有，海军有没有？他们是不是内部有通知呀？

陈励耘望着毛主席发怔，未作回答。

毛主席回过来谈九届二中全会六号简报的实质，把问题点得很透。他说：那份简报影响最大，是一个反革命的简报。我也搞不清楚，他们为什么这样搞？他们有话，事先不拿出来。大概总认为有什么把握了，好像会成功了。可是一说不行，就又慌了手脚。我看他们是恐惧。

在座的人听了都没作声。毛主席接着谈如何正确对待在九届二中全会上犯错误的人的问题。他明确地说：我看前途有两个，一个是改，一个是改不了。他们可能改，有的不一定能改。你们是受骗、受蒙蔽。对犯错误的，还是"惩前毖后，治病救人"。比如说，我当班长，你们三个都是兵，我总是那么凶，抓着你们辫子不放，那么行吗？

毛主席这些话，显然带有开导的意思。

但是陈励耘继续掩饰说，在九届二中全会上他不了解情况，跟着犯了主观唯心主义的错误。

毛主席看了陈励耘一眼，接过他的话题说：要搞唯物论，不要搞唯心论。

接下去，毛主席继续谈党的九届二中全会的问题。他说：庐山乱了三天，实际一天半，后来停下，逛庐山，到现在一年了。林彪同志那个讲话（指在庐山九届二中全会上的讲话——作者注），没有同我商量，也没有给我看。林彪两次打电话、写信都被他们阻止了。

毛主席所说林彪打电话、写信的情况是这样的：九届二中全会前，林彪曾经有两次想要打电话、写信给毛主席，但是都被叶群和黄永胜阻止了。

毛主席继续说：庐山问题不那么好，但没有庐山会议，也不会有现在的情况。庐山这件事，还没有完，还不彻底，还没有总结。光开不到一百人的会议不行，军队还可扩大到军长、政委参加，地方也要有相当这一级的同志参加。

毛主席进一步谈九届二中全会上林彪和陈伯达的问题。他说：庐山会议，主要就是两个问题，一个是国家主席问题，一个是天才问题。说反天才，就是反对我。那几个副词，我圈过几次了。

毛主席说的"三个副词"，就是党的八届十一中全会以后经常在文件上写的"毛泽东同志天才地、全面地、创造性地继承、捍卫和发展了马克思列宁主义"的话。在"九大"党章草案中也曾经提到过"天才地、创造性地、全面地"这"三个副词"，在修改时被毛主席圈掉了。1970年8月13日宪法工作小组会上和8月14日中央政治局会议上，吴法宪坚持要在宪法草案表述毛主席发展了马克思主义的句子中加上"三个副词"，为此他与康生、张春桥发生激烈争论。

根据庐山九届二中全会上和会后发生的问题，毛主席再一次向在座的同志强调说：要搞马列主义，不要搞修正主义；要团结，不要分裂，不搞山头；要光明正大，不要搞阴谋诡计。

毛主席进一步要求大家：要学习列宁为纪念欧仁·鲍狄埃逝世25周年撰写的那篇文章。列宁讲，唱《国际歌》走到哪里都可以找到自己的朋友。大家要学唱《国际歌》、《三大纪律八项注意》。《国际歌》歌词中讲"团结起来到明天，英特纳雄耐尔一定要实现",这就是强调讲团结嘛!学马克思主义就要讲团结,没有讲分裂的!执行三大纪律八项注意,首先第一条就是一切行动听指挥。步调不一致,就不能胜利。再一条即八项注意的第一条,对人要和气,对战士、对下级要和气,不搞军阀作风。其他的也还有点问题,比如不打人、骂人,不调戏妇女,但在军队中问题不大。

毛主席说:我没有同你们讲过路线问题,过去见面,吹的都是些鸡毛蒜皮,无非是同南京的关系的事,谁知后边还有一个庐山会议。过去我就讲过,一个主要倾向,掩盖着另一个主要倾向,谁知"三支两军"掩盖着一个庐山会议的主要倾向!

毛主席接下去说:听话要分析,不要听小道的话,不要尽听,人家一吹就听了,受蒙蔽了,不了解情况。所以要调查研究,听话要分析。

毛主席在这次谈话中,还讲到他对"天才"提法和"伟大"提法的一贯的态度,他说:八届十一中全会上提了"三个副词",当时兵荒马乱,那时还需要嘛。"九大"后就不同了,要团结起来,争取更大的胜利。现在就要降温。到处挂像(指毛主席像——作者注),日晒雨淋,可怜噢!还有那个"伟大"。我就有四个"伟大",你们就一个没有啊!伟大的导师,就是一个教员嘛,当然导师比教员更高明一点。"九大"党章草案上那"三个副词",我就圈去了。"九大"党章已定了,你们为什么不翻开看看。

本来,称颂毛主席为"伟大的导师、伟大的领袖、伟大的统帅、伟大的舵手",毛主席曾多次表示不赞成。我记得可能是1968年的一个重要节日的一篇社论,提了这"四个伟大",毛主席要我拿着社论的稿样去钓鱼台找陈伯达和姚文元,把它们划掉。去之前,我问毛主席:"四个伟大"全删掉,不留一

四、"庐山这件事,还没有完"

个?

毛主席想了想说:那就留下一个吧。

我又问毛主席留下哪一个。毛主席说:我是当过教员的,就留下那个导师吧。其实导师就是教师,不过比教师高明一点。

这样,我就去钓鱼台,传达毛主席的意思,要陈伯达他们圈掉了除"伟大导师"外的"三个伟大"。(这篇社论,可能是指1968年元旦社论。元旦社论的提法是:"在新的一年开始的时候,全国亿万军民怀着无比深厚的阶级感情,衷心祝愿我们的伟大导师毛主席万寿无疆!"1976年毛主席逝世时使用的提法是"伟大的领袖和导师"。——作者注)

毛主席还谈到干部学习马列主义的问题。他说:这次庐山会议上,不少人连什么是唯物论、什么是唯心论都不懂,都搞不清楚。你们要学习马、列的书。现在学六本,文化高一些的,有人可能突破,明年再学几本。

最后毛主席又谈到军队问题,他说:进城那时,我管打仗,也管军队。朝鲜战争人家打胜了,我就没有管了,要人家去管。军队开始是聂荣臻管的,以后是彭德怀管,后头是林彪管。但他身体不好,也管不了那么多,罗瑞卿、杨成武也不听他的,我帮忙也不够。现在的几位大将(指黄永胜、吴法宪、李作鹏、邱会作——作者注),我也不熟悉,不了解,同他们单独谈得不多,集体谈得也不多。黄永胜现在思想状况怎样,也不清楚。过去我没有管,现在我要管军队的事,我不相信军队要造反。军队要统一,军队要整顿。

毛主席接着谈及北京军区的情况。毛主席说:除了他们外,主要是北京军区,他们先整了二十四军,又整了二十一军、六十九军,最后整了三十八军,有的采取组织调整的办法。二十一军调到陕西时,胡炜(二十一军政委、军长,后任兰州军区副司令员、陕西省革委会副主任、省委书记。——作者注）就讲这下可好了，脱离了他们的指挥。都高兴离开北京军区。对六十六军就说不服，他们的前军长就顶住了，就是不让他们钻到天津市革委会里去。北京卫戍区他们就插不进去，因为有谢富治、吴德、吴忠，不听他们那一套。

这次谈话中，毛主席还问浙江舟山的武斗问题。

毛主席问南萍：舟山还武斗不武斗啊？

南萍回答说现在不武斗了，但群众组织中派性还很强，政策还不够落实，最后地区会议开得比较好。

毛主席说：舟山主要是中级、上级的问题。有些问题，你们也支持了一下。

这里讲到的"中级、上级"，我理解是指省里、大军区或更上一级。当时，对舟山的问题，许世友和南萍就谈不到一起，叶群也坐飞机去舟山调解过，好像总参谋部作战部的一位副部长也去过，都没有解决问题。

毛主席再一次说：对林要保。

同时，毛主席又批判林的讲话：什么一句顶一万句，一句就是一句，怎么能顶一万句？什么人民解放军是我缔造和领导的，林亲自指挥的，缔造的就不能指挥呀！

谈话快结束时，毛主席又提到：工业学大庆，农业学大寨，全国人民学人民解放军，这不完全，还要加上解放军要学全国人民。

最后，毛主席说：今天谈到这里。有些在别的地方谈的，请汪东兴同志再同你们谈谈。

9月4日、5日，我向南萍等人传达了毛主席南巡路上前几次谈话的内容。并座谈了一次，还对过一次笔记。

在杭州期间，毛主席已经察觉和了解到林彪一伙进行阴谋活动的部分新的情况。9月10日，毛主席决定离开杭州，让我中午通知南萍、陈励耘他们。下午2时半，他们来向毛主席道别，毛主席又同他们谈了一次话。参加谈话的人有南萍、熊应堂、白宗善及陈励耘。我也参加了。

毛主席同白宗善握手时，问道：你白宗善为什么不来看我？

白宗善当时任空五军军长，毛主席对他很熟悉。

陈励耘慌忙接口说：他那天在值班。

握过手，毛主席首先对他们讲了一个寓意深长的故事。他说：齐国和鲁国打仗，我是帮齐国，还是帮鲁国呢？鲁国小，人少，但团结得好。齐国向鲁国进攻，鲁国利用矛盾，结果把齐国打败了。

这意思是讲大家要搞好团结，不要分裂，否则革命事业要失败。

毛主席接着说：听汪东兴同志说，你们批陈整风搞了两次，搞得还可以嘛，还不错。汪东兴同你们谈了一次，座谈了一次，对庐山会议认识深了些，学《国际歌》、《三大纪律八项注意》，你们办了。

毛主席再次向他们谈到我们党历史上的路线斗争问题。他说：红军三十万，到陕北剩下两万五千人，当时中央苏区八万，只剩八千。那时张国焘搞分裂，不愿到陕北去。那时不到陕北没有出路嘛！这是政治路线问题。后来，对四方面军回来的同志斗得凶，检讨一次、两次、三次、四次都通不过，过分了。当时到我这里告状的都是四方面军的人，一方面军的一个也没有。四方面军就灰溜溜了，一方面军就翘尾巴了。

毛主席带着警示的口气说：不要带了几个兵就翘尾巴，就不得了啦。打掉一条军舰就翘尾巴，我不赞成，有什么了不起。三国关云长这个将军，既看不起孙权，也看不起诸葛亮，到后来走麦城失败。当然，那时没有反骄破满啦。我找黄永胜他们谈了话，东兴也参加了，当面批评了黄。黄永胜不会不摇鹅毛扇子吧！他一字不提林彪。

党的九届二中全会后，毛主席首先把我的书面检查批给黄永胜他们看，想启发他们。但黄永胜等人觉得只要有林彪在，就可以掩盖、保护他们，于是顶着，不承认有什么错误。毛主席同黄永胜等人谈话，他们都闭口不讲林彪的问题。

毛主席有针对性地对在座的人说：要谦虚谨慎，不要翘尾巴，有错误不要紧，我们党内有这么个规矩，错了就检讨。这次汪东兴同志不是沾了个边嘛！

我当时插话，说我在庐山会议上犯了错误。

毛主席问：你们谁参加过"七战七捷"（1946 年 7 月 13 日至 8 月 31 日，华中野战军在粟裕司令员、谭震林政治委员的指挥下，连续进行了 7 次战斗，作战 45 天，歼灭国民党军 6 个旅又 5 个交通警察大队，共 5.3 万余人，通称"七战七捷"。——作者注）呀？

陈励耘说他参加过。

毛主席不信，说：我看不见得吧！你那时当什么官呀？

陈励耘回答说：当过副主任、主任、副政委。

毛主席在这里问解放战争初期的苏中地区的"七战七捷"，是为进一步谈干部问题。他讲到"七战七捷"的指挥员之一就是谭震林，在建国以后至 1952 年就在浙江当省委书记。

毛主席随后又谈到陈毅同志。他说：陈毅打仗，有个好处，还能听听其他人的话。打孟良崮，他南边听粟裕的，北边听许世友的。

在谈到北京军区时，毛主席说：北京军区队伍多，有几个军，还有炮兵、工程兵，装甲兵也多。他们整这个军、那个军。陈伯达在华北几十天。周游华北，到处游说。我这次就是学他的办法，也是到处游说。我是党的主席、军委主席，我能不能到处游说？

这时参加谈话的几个人都说：毛主席到各地谈话，是造革命的舆论，是完全可以的。

毛主席表示同意大家的说法，说：陈伯达搞的是反革命游说，我搞的不同。

毛主席虽然同许世友讲过，到浙江不谈他与南萍的矛盾，但为了搞好团结，还是谈到了他们之间的矛盾。毛主席说：你们和南京的关系，我说了两年，还没有解决。我这边也讲，那边也讲。给你们讲的都可以公开讲，少数人可以讲，多数人也可以讲。你们同许世友同志不要针锋相对。对他也说不服，对你们也说不服，这主要由我负责。

毛主席问南萍：南京开会你们去不去？我同许世友同志在江西谈过两次，这次还要谈。

南萍说：我们没有听主席的话。今后按许司令的指示办。

毛主席说：那也不对。错了的也执行吗？许世友同志是可以交朋友的，有时还可抓住他的主要问题，把道理说清楚，他还是可以交朋友的。你们空军受不受许的指挥啊？

南萍等人答复说：受他的指挥，听的。

毛主席听了点点头，表示这样做好。

毛主席又说：国民党不能打仗，日本比它厉害，开始可几个军打他一个军或一个师。打仗没有什么，就是"集中兵力"四个字。但说起来容易，做起来颇难。

最后，毛主席说：把我的像到处挂，我已说过多少次了，不要这样做了。"万岁"，英文翻译为 Long Live，是"长寿"的意思，对年轻人可喊，对年纪大的就不要喊了。

（五）毛主席在上海的谈话

9月10日下午4点，毛主席乘坐专列匆匆由杭州出发，走了5个多小时，晚10点前抵达上海。

在杭州动身前，我把毛主席就要到上海的事打电话告诉了王洪文，还叫他通知许世友到上海来，毛主席要找他们谈话。王洪文当时任上海市革委会副主任、市委书记。

专列到达上海，停到靠飞机场的支线上。我立即下车去接许世友和王洪文。我下车后只见到了王洪文，就问他许世友来了没有。王洪文说许世友还没有来，并问了我路上怎么样等问题。

我引王洪文到车厢里见毛主席。毛主席问王洪文说：东兴同志打电话给你，要你通知许世友到上海来，怎么没有见他来呀？

王洪文回答说：电话我打了，南京说他可能下乡了。正在设法同他联系。

毛主席与王洪文聊了几句，就说：等许世友来了一起谈。

王洪文随即下车了，我去部署、检查警卫情况，他再去住处打电话找许世友。

毛主席一直等到11日的上午10点钟，许世友才来。毛主席马上开始和许世友、王洪文谈话，谈了一个多小时。毛主席这一次谈得很简要，一个原因是毛主席等得太久了，另一个原因是与许世友在南昌已经谈过话了。这次的谈话，我只作了简要的记录。

毛主席问许世友说：许世友，你下乡啦，去搞什么呀？调查什么问题呀？

许世友回答说：我去看农场了，看大别山附近的军垦农场去了。

毛主席说：去那么远了呀。

许世友说：坐吉普车去的。

毛主席批评许世友说：怎么连家都不回呀？一天到晚，你这个司令员随便离开工作岗位，怎么行呀？向谁请了假呀？要是万一发生问题，你怎么样办呀？连南京军区都找不着你！将来这样的情况你要注意，告诉一下家里嘛。

许世友感到毛主席批评得对，内疚地说：真对不起。我想主席还会在杭州住几天的，然后才能到我这里。我昨天夜里12点多钟才回到南京的，先休息了一下，就没有打电话到上海。

许世友接着汇报说：今年农业可能会大丰收。军垦农场也不错，庄稼长势很好，丰收在望。

毛主席说：那好嘛！你去看看农业也好嘛。

许世友接着说：军队的情绪很好。军队里比较稳定，乱哄哄的情况也过去了。我带着那些造反派去游过苏北。

毛主席问：是不是都是支持你的那一派？

许世友说：我把两派都带上了。

毛主席再次给许世友打招呼：不能把领导机关搞乱了，更不能把军队搞乱了。我在江西就同你讲了，要"高抬贵手"。

许世友说：不会，我正在做他们的工作。

毛主席说：那好！

王洪文这时说了一句话：许司令，毛主席等你快15个小时了。

毛主席马上打断王洪文的话说：不要这样，不要紧嘛。

毛主席的意思是说许世友下乡去了，不在家，不是故意不来的。

毛主席缓和了一下气氛说：这段时间我们也休息了一下。接着又说：不要提了，我们还是谈正事。

毛主席回到谈话的主题上来，他说：对庐山会议你们想得如何呀？是不是在思想上解决了问题呀？这个问题怎么解决呀？是不是都解决了呀？

毛主席问了几个问题之后说：我认为犯点错误是不要紧的，有的属于认识问题。现在有的同志对有些问题还认识不到嘛，那就等待，而且耐心地等待嘛。

毛主席这样说的意思是希望在等待的过程中，犯错误的人自己应该争取主动认识检查所犯的错误。

毛主席接着说：认识一点就写出来，以便改正错误。犯了错误，也不认识，也不去想办法认识，在那里顶着，这个不好，可能不仅会使错误不能被认识出来，而且会加深的，甚至把错误当作包袱的。犯错误的包袱，常常是越背越重，这个不好。要把这个包袱甩掉，轻装上阵，那样人就会觉得舒服了。不然总是背着沉重的包袱，你不甩开，那怎么会好受呢？

许世友诚恳地说：庐山会议的问题，按毛主席的指示办。

毛主席问他：我有什么指示呀？

许世友说：您的指示就是《我的一点意见》。

毛主席说：那个不是在后头吗？是你们犯了错误后，我想了五天才写的。你们是什么时候讲的，是24、25、26（指8月24日、25日、26日——作者注）三天嘛！

许世友坚定地回答说：这个指示我拥护，我就是按您的意见办的。

毛主席说：不见得吧，我那个意见你学了没有？我那个意见上说，什么叫唯心论，什么叫唯物论，你讲一讲，我听听！

许世友当时哈哈地笑了。

毛主席对许世友说：你不是说执行我的指示吗？我要你们学习，你们又不动。人家要搞那个论"天才"，找了几条称"天才"

的语录，你找到了吗？

王洪文看许世友没有讲什么，就开始向毛主席汇报。他说：上海的五六位中委和革委会的主任和副主任，针对庐山会议出现的问题座谈了一次。

毛主席问：你们座谈了一些什么呀？

王洪文说：突出的是讨论了林彪的讲话。当时我们心里就嘀咕。

毛主席说：你们嘀咕什么呀？人家是副主席讲话呀。

王洪文说：他是副主席讲话，但当时我们都很少发言。

毛主席问道：那你们不是也都听了吗？你不是也听了录音嘛！那时你们华东、上海就一个拥护的字都没有说呀？

王洪文回答说：有。那个时候不拥护也不好。这次我们座谈时，也讲了一些意见，但有的人在庐山会议上没有发挥。当时庐山会议上，就是安排要讨论的，我们华东组除了林彪的一帮人抢着发言外，我们也发了言，我也讲了几句。事后，听说林彪讲话是中央常委同意他讲的，特别是论"天才"的语录也以为是中央搞的。

毛主席说：谁说这个论"天才"的语录是中央搞的呀？当时我们发了语录没有呀？哪一个文件上说发了语录呀？哪一个文件上写有这几条语录呀？

"天才"的语录是林彪一伙人内部搞的，别人都没有看过。因此，毛主席不同意王洪文对语录的看法。

王洪文接着说：六号简报，我们一看到就火了。

毛主席问：你为什么一看到就火了呢？

王洪文说：简报里有一些话有问题。设国家主席问题，在北京讨论宪法时有争论，而且争论得很厉害。当时有人提议设国家主席，有人不同意设国家主席。不设国家主席的意见是毛主席的意见，可是他们不听，还要坚持他们设国家主席的意见。

毛主席问王洪文说：那你对简报的性质有什么看法？

王洪文说：这个简报是有错误的，是错误的简报。当时我们几个人到了主席那里谈过了。

实际上，对简报问题的意见是江青、张春桥、姚文元到毛主席那里讲的，王洪文没有去。

毛主席说：这个简报现在还没有做结论，这个结论将来由中央来做。我认为是反革命简报，起码如你讲的是有错误的简报。为什么有错误的简报要在这个时候发呢？为什么有的同志发了言，登简报，又不先让本人看呢？

毛主席接着说：听了你们的意见，六号简报是错误的，是有人捣鬼，有人在搞阴谋诡计，不搞光明正大；不搞团结，是搞分裂。我讲话一句顶一万句？在这个问题上，我看连一句也不顶。不是我的话一句顶一万句，是陈伯达的话一句顶一万句。毛主席再一次把林彪一伙人的问题的实质点透彻了。

毛主席讲完这些后，对许世友、王洪文又讲了党的历史上历次路线斗争的情况。

谈到11点多钟，毛主席说：我今天不留你们吃饭了。王洪文，你请许世友到锦江饭店去吃饭，喝几杯酒。你们都去。

我送许世友、王洪文下车时，看到当时任上海市革委会副主任、空四军第一政委的王维国脸红脖子粗地站在车门口等着。王洪文把他拉上车来，与毛主席在车厢门口握了一下手。毛主席对王维国很冷淡，连话都没有讲。王维国就同他们一起走了。

送走他们后，我回到车上。毛主席立即对我说：我们走！

王洪文陪许世友等人吃饭时，接到飞机场保卫人员打去的电话，报告说毛主席的专列在12点半钟就开走了。王洪文把此事告诉了许世友。

许世友吃完饭后，于 3 点多钟乘他原来至上海的飞机赶回南京，在南京站接我们。

毛主席乘坐的专列在南京站停了 15 分钟，毛主席没有见南京的同志，只有我下车见了许世友。

此后，我们的专列不停留地一直向北京开。在济南站，毛主席叫我打电话通知李德生、纪登奎、吴德、吴忠到丰台车站等我们，说要同他们谈话。当时李德生兼任北京军区司令员、吴德任北京市委第二书记，纪登奎任北京军区第三政委，吴忠任北京卫戍区司令员。

（六）毛主席在丰台的谈话

9 月 12 日 13 点 10 分，毛主席的专列驶抵丰台。车停好后，毛主席在车厢里同李德生、纪登奎、吴德和吴忠谈话，一直谈到下午 3 点多钟。这次谈话，我也参加了。

毛主席先问李德生访问阿尔巴尼亚和罗马尼亚的情况。李德生谈了阿劳动党对我国邀请尼克松访华的态度和意见。

听完李德生的汇报，毛主席说：他们是左派，我们是右派。

那时，阿尔巴尼亚劳动党比较"左"，他们认为我们和帝国主义来往，我们是右了。

毛主席说：怕美帝从亚洲撤出来会增加对他们的压力，要我们把美帝拖住。他们（指美国——作者注）只有两亿人口，经不起伤亡嘛，所以他们要撤军。撤军，不一定就会增加对他们的压力。

毛主席的意思是说美国撤军后，不一定会对阿尔巴尼亚和罗马尼亚等欧洲国家增加压力。美国在侵略战争期间，投入 50 多万军队，死亡也不少。越南是属于热带地区的国家，美军对环境不适应，越南人又运用了游击战术，打败了美帝国主义。

关于阿尔巴尼亚，那时我们两党两国的关系还比较好。当时曾经用"海内存知己，天涯若比邻"来形容这种关系。"文化大革命"中，曾用毛泽东的名义发过一个电报，称他们是欧洲的一盏伟大的社会主义的明灯（即 1966 年 10 月 25 日，《毛泽东同志致阿尔巴尼亚劳动党第五次代表大会的贺电》其中说："英雄的人民的阿尔巴尼亚，成为欧洲的一盏伟大的社会主义的明灯。"——作者注）。那个电报的内容，当时毛主席不知道。他知道后说：阿尔巴尼亚怎么成了明灯呢？它各方面都不行。工业、农业生产都不好，中央的领导人也不团结，他们是极左的。

当时毛主席对阿尔巴尼亚问题的看法是心中有数的。

接着，毛主席谈他要谈的主要问题。他还是从党的历史上的路线斗争讲起。他说：我们的方针是路线决定一切。人多，枪多，代替不了正确的路线。党的路线正确就有一切，路线不正确，有了人和枪也可能丢掉。路线是个纲，纲举目张。什么是纲？你们会打渔吗？纲就是串鱼网的那根绳子，目就是鱼网上面的一个个眼，你们讲的那个目，三天也讲不完。我今天是讲纲。我们这个党已经有五十年的历史了，大的路线斗争有十次。开头是陈独秀，"八七"会议后，他同刘仁静、彭述之那些人，81 人签名的"列宁主义左翼反对派"，说我们是坏人，红军是破坏分子，以后他们就搞到托洛茨基那一派去了。后头就是瞿秋白、李立三、罗章龙、王明、张国焘。1928 年党的第六次代表大会在莫斯科开的，李立三神气起来，搞了三个月，那时总理还未回来。李立三主张打大城市，一省数省首先胜利。

毛主席继续说：李立三搞的那一套，我不赞成。李倒台是在三中全会。王明倒台是在遵义会议。王明路线的寿命最长，他们借第三国际的力量，把总理封为调和主义，出了《为中共更加布尔塞维克化而斗争》的小册子，批评李立三"左"得还不够，非把根据地搞光不舒服，结果基本上搞光了。

毛主席说：从一九三一年到一九三四年，这四年我在中央毫无发言权。我们党五十年的经验，中国人不喜欢分裂，我们党内十次路线斗争，没有一次把党给分裂了的。

毛主席谈了党的历史上有人多次搞分裂，但都未把党分裂成。他接着说：再就是去年庐山会议搞突然袭击，大有炸平庐山、停止地球转动之势。他们先搞隐瞒，后搞突然袭击，五个常委隐瞒着三个，一点气都不透，来了个突然袭击，出简报煽风点火。这样搞总是有个目的嘛！可见这些人风格之低。我那个文章，找了一些人谈话，做了一点调查研究，是第五天才写的。天才问题是个理论问题，他们搞唯心论。我并不是不要说天才，天才就是比较聪明一点，天才不是靠一个人靠几个人，天才是靠一个党，党是无产阶级先锋队。天才是靠群众路线，集体智慧。

毛主席说：我同林彪谈过，你说欧洲几百年，中国几千年才出现一个天才，这不符合事实嘛！马克思、恩格斯是同时代的人，到列宁、斯大林一百年都不到，怎么能说几百年才出一个呢？中国有陈胜、吴广，有洪秀全、孙中山，怎么能说几千年才出一个呢？什么"顶峰"啦，"一句话顶一万句"啦，你说过头了嘛！一句就是一句，怎么能顶一万句。不设国家主席，我不当国家主席，我讲了六次，一次就算讲了一句吧，就是六万句，他们都不听嘛，半句也不顶，等于零。

毛主席接着说：我们的干部，大多数是好的。犯了错误要批评，做好了工作要表扬，但不能捧。二十几岁的人捧为"超天才"，这没有什么好处。犯错误的人，允许改正错误。但发声明是容易的，无非是讲在口上、写在纸上，问题在于是不是实践他的声明，改正错误。这些人最没有勇气，收场那么快。刘建勋同志说搞了一天半，我说是三天。为什么那股妖风，只刮三天就不刮了，你有理为什么收回？说明他们空虚。我是哪里有石头抓起来就打，在庐山陈伯达搞的那个骗了不少人的材料，是一块石头，济南军区三破三立的报告也是一块石头，三十八军的报告是一块大石头。以后又有刘子厚的检讨，还有军委开了那么长的会根本不批陈，我加了批语，这也是甩石头。

谈到这里，毛主席对李德生说：他们在庐山搞的那个材料（指论"天才"的语录——作者注），你向他们要，一连说三次："你的那个宝贝为什么不给我？"看他们怎么说。

毛主席接着说：进城以后，我很少抓军队工作，管军队工作的，开始是聂荣臻，以后是彭德怀，再以后就是林彪，实际是贺龙、罗瑞卿管得多。三任参谋总长罗瑞卿不大听他的。以后是杨成武、黄永胜。

毛主席提到黄永胜时说：我看黄永胜这个人政治不怎么强，是有头无脑。他检讨最没有勇气，怕得要死。要把脑子里的东西向人家讲出来。把正确的、错误的都讲出来，就舒服了。

毛主席又对着我说：他沾了一点边，在一千多人的会议上做了几次检讨。

我补充说：正式地做检讨是三次。

毛主席说到我在中央办公厅和中央警卫团做检讨时说：只有七千兵，连婆娘、娃娃都算上，他也没有倒呀！你把心里话说出来，倒不了的。当然也有少数人幸灾乐祸，说这次汪东兴下不了台了（意思说检查过不了关——作者注），但是多数人还是说他检讨得好。五个人（指黄永胜、吴法宪、叶群、李作鹏、邱会作——作者注）在批陈整风汇报会上的检讨，承认在政治上是方向、路线错误，组织上是宗派主义的。但是，他们的检讨里面是吞吞吐吐，因而使人怀疑他们能否改好。

这几位大将的检讨,均非出于自愿,是毛主席要我以他的名义,一个一个地催着他们把检讨书交来的。毛主席在他们每个人的检讨书上都写有批语,特别是对叶群的检讨书批语最多。

毛主席说他们的检讨吞吞吐吐,是因为他们在检讨中回避了很多问题,特别是实质性的问题,所以毛主席就怀疑他们能否改好了。

毛主席接着说:土太板结了就不透气,要掺沙子才行。李先念同志过去也是搞军队打仗的嘛,可参加军委办事组,以后还要从各大军区调一些人来参加军委办事组的工作。北京军区也要从各军调一些人,把那个山头主义的窝子捣烂。华北会议派了李德生、纪登奎同志到北京军区,这叫挖墙脚。我的办法就是打石头、掺沙子、挖墙脚。

毛主席问在座的同志:陈伯达算不算一次路线?

纪登奎回答说:算!

毛主席说:还要看一看。黑手不只陈伯达一个,还有黑手。我一向不赞成自己的老婆当自己的秘书、办公室主任。你们是不是夫人专政啊?林彪要给我打电话、写信,说是被他身边的人阻止了。要报告了,他们就搞不成了嘛!

毛主席接着强调:我们要搞马列主义,不要搞修正主义;要团结,不要分裂,不要搞宗派主义、山头主义;要光明正大,不要搞阴谋诡计。毛主席批评林彪不讲三要三不要的原则。

毛主席最后说:要抓路线教育,方针还是"惩前毖后,治病救人",团结起来,争取更大的胜利。

毛主席这次到南方巡视,从8月15日动身,到9月12日回到北京,共计29天。这期间除同个别人的谈话不算外,同各地负责人的谈话共13次,平均每两天多谈话一次,其中包括在路途的时间。

毛主席这次南巡的目的，是他认为党的九届二中全会上暴露的问题还没有完全解决，要在党内进一步揭露和批判林彪及其一伙的阴谋活动，强调了党内团结，防止分裂，通过同沿途的负责同志打招呼，以帮助林彪及其一伙真正认识和改正错误。可是林彪及其一伙没有按毛主席的期望去做，错误地估计形势，终于走向反面，走上了自我毁灭的道路。

五

汪东兴回忆
毛泽东与林彪反革命集团的斗争

粉碎林彪反革命
政变阴谋

"批陈整风"以后,林彪一伙不仅不思悔改,反而铤而走险,积极策动武装政变活动。然而,历史的发展是不以林彪一伙的意志为转移的。由于毛主席英明领导,林彪的反革命政变阴谋很快就被彻底粉碎了。

在这场复杂的、激烈的斗争中,毛主席表现出来的那种临危不惧、战而胜之的气概,是我终生难忘的。

(一)

毛主席身体健康的时候,每年都要外出巡视工作,返程时间一般都在9月底。1971年8月15日13点,我们陪着已78岁高龄的毛主席又出发去南方巡视。毛主席这次去南方巡视的目的,开始我们是不知道的。但他在巡视途中曾经说到:"陈伯达在华北几十天,周游华北,到处游说。我这次就是学他的办法,也到处游说。"

8月16日,毛主席乘坐的专列抵达武昌。在武昌,毛主席同武汉军区兼湖北省负责人刘丰谈话一次;同刘丰及河南省负责人刘建勋、王新谈话一次;同已调国务院、仍兼湖南省负责人的华国锋谈话一次;临行前,还同刘丰谈话一次。28日到长沙。在长

五、粉碎林彪反革命政变阴谋

沙,毛主席同湖南省负责人华国锋、卜占亚谈话一次;同广州军区兼广东省负责人刘兴元、丁盛,广西区委负责人韦国清谈话一次;同华国锋、卜占亚、刘兴元、丁盛、韦国清谈话一次。31日到南昌。在南昌,毛主席同南京军区兼江苏省负责人许世友、福州军区兼福建省负责人韩先楚、江西省负责人程世清谈话两次。毛主席沿途历次谈话我都参加了。在湖南,毛主席还同我单独谈话一次。南巡一路上,毛主席在谈话中反复强调:"要搞马克思主义,不要搞修正主义;要团结,不要分裂;要光明正大,不要搞阴谋诡计。"他反复讲:我们这个党已经有五十年的历史了,大的路线斗争有十次。这十次路线斗争中,有人要分裂我们这个党,都没有分裂成。这个问题,值得研究。1970年庐山会议,他们(指林彪一伙——作者注)搞突然袭击,搞地下活动,为什么不敢公开呢?可见心里有鬼。他们先搞隐瞒,后搞突然袭击,五个常委瞒着三个,也瞒着政治局的大多数同志,除了那几位大将

■ 1971年,"五一"节晚会是林彪最后一次公开露面。

以外。那些大将，包括黄永胜、吴法宪、叶群、李作鹏、邱会作。他们这样搞，总有个目的嘛！我看他们的突然袭击、地下活动，是有计划、有组织、有纲领的。纲领就是设国家主席，就是称"天才"。有人急于想当国家主席，要分裂党，急于夺权。林彪同志那个讲话，没有同我商量，也没有给我看。他们有话，事先不拿出来，大概总认为有什么把握了，好像会成功了。可是一说不行，就又慌了手脚。这次庐山会议，只提出陈伯达的问题。保护林副主席，没有作个人结论，他当然要负一些责任。对这些人怎么办？还是教育的方针，就是"惩前毖后，治病救人"。对林还是要保。回北京以后，还要再找他们谈谈。不过，犯了大的原则的错误，犯了路线、方向错误，为首的，改也难。

听了毛主席这些话，我意识到他是为了要帮助一些地方的党政军负责同志提高对发生在庐山党的九届二中全会上的斗争的认识，争取团结和尽力挽救在庐山会议上犯了错误的人，其中也想挽救林彪和黄永胜等人。

在庐山九届二中全会上遭到挫败的林彪一伙并不改弦易辙，反而在会后很快开始了谋害毛主席、进行反革命武装政变的阴谋活动。

直到林彪事件发生以后我才知道：早在1970年10月，以林立果为首组成了"联合舰队"，叶群还为周宇驰、王飞等人规定了人名代号，"联合舰队"是林彪谋害毛主席、策动反革命武装政变的骨干力量。

据"文化大革命"结束后最高人民检察院特别检察厅对林彪反革命集团的起诉书记载：

"一九七一年二月，林彪、叶群和林立果在苏州密谋后，派林立果到上海，召集'联合舰队'的主要成员周宇驰、空军司令部办公室副处长于新野以及七三四一部队政治部副处长李伟信，从三月二十一日至二十四日制定了反革命武装政变计划《'571工程'纪要》。分析了形势,规定了实施要点、口号和策略,提出'军事上先发制人',阴谋利用'上层集会一网打尽'或'利用特种手段如轰炸、543(注:一种导弹代号)、车祸、暗杀、绑架、城市游击小分队',发动反革命武装政变,'夺取全国政权'或

■ 林彪反革命集团上海的两个指挥点

汪东兴回忆
毛泽东与林彪反革命集团的斗争

■ 林彪反革命集团在上海巨鹿路招待所的秘密据点

■ 林彪反革命集团在广州白云山的秘密据点

■ 在秘密据点缴获的部分收发报机

制造'割据局面',并阴谋'借苏力量钳制国内外各种力量'。"

"一九七一年三月三十一日,林立果根据《'571工程'纪要》建立'指挥班子'的计划,在上海召集江腾蛟、王维国、七三五〇部队政治委员陈励耘和南京部队空军副司令员周建平秘密开会,指定南京以周建平为'头',上海以王维国为'头',杭州以陈励耘为'头',江腾蛟'进行三点联系、配合、协同作战'。一九七一年三月,米家农在林立果的指使下,在广州组织'战斗小分队',要队员向林彪、林立果宣誓效忠,并制定了联络密语、暗号。一九七一年四月,林立果指使王维国,在上海成立了为反革命武装政变服务的'教导队',进行捕俘、格斗、使用各种轻型武器、驾驶车辆等特种训练。"

在制定《"571工程"纪要》的过程中,林立果明确地说:"办法是搞掉B—52(诬蔑毛主席的代称——作者注)实行武装起义","我看就叫'571','571'是武装起义的谐音"。他们认为:"和国外'571工程'相比,我们的准备和力量比他们充分得多,成功的把握性大得多。和十月革命相比,我们比当时苏维埃力量也不算小。地理回旋余地大。空军机动能力强。比较起来,空军搞'571'比较容易得到全国政权,军区搞地方割据。两种可能性:夺取全国政权,割据局面。"

所有的这些,毛主席当时都不知道,也根本不可能知道。林彪一伙的阴谋行动的目标就是要"打倒当代的秦始皇——B52"(《"571工程"纪要》——作者注)。

在毛主席南巡期间,林彪一伙千方百计想了解毛主席的行踪,探听毛主席同沿途各地负责人谈话的内容。9月5日,广州部队空军参谋长顾同舟听到毛主席在长沙谈话内容的传达后,立即密报给林立果。9月6日,武汉部队政委刘丰不顾毛主席的叮嘱,把毛主席在武汉谈话的内容告诉了陪外宾到武汉访问的李作鹏，李作鹏当天回到北京即告诉了黄永胜。当晚，黄永胜又将毛主席谈话的内容密报给在北戴河的林彪和叶群。

林彪、叶群、林立果等人，在接到顾同舟、刘丰的密报后，感到自己暴露无遗了，决意对在旅途中的毛主席采取谋害行动。

9月7日，林彪指示林立果，向"联合舰队"下达"一级战备"的命令。

9月8日，林彪写下手令："盼照立果、宇驰同志传达的命令办。"

这样一来，危险便立刻向毛主席逼近。当时毛主席在杭州停留，陈励耘掌握着杭州的警备大权，直接指挥毛主席住所的警卫工作。毛主席住在杭州，无异于进入了虎穴。

在党的九届二中全会上，毛主席已经识破了林彪的阴谋。这次南巡，毛主席从北京到杭州的沿途，在同一些当地负责人的谈话中又了解到叶群、林立果进行阴谋活动的一些情况。9月8日晚上，毛主席在杭州又得到新的信息。杭州有一位好同志派人暗示毛主席说：杭州有人在装备飞机；还有人指责毛主席的专列停在杭州笕桥机场支线"碍事"，妨碍他们走路。这种情况，过去是从来没有的。一些多次接待过毛主席的工作人员，在看望他老人家时也反映了一些可疑的情况。毛主席根据前后所了解和掌握的一系列情况，感到要防止林彪一伙人的不测行为，于是他当机立断，及时采取措施，对付林彪一伙的阴谋。他首先把我找去，提出要把专列转移。

我问毛主席，专列是向后转移，还是向前转移？向后是转到金华，向前是转到上海。我还建议，也可以转向绍兴，即转向杭州到宁波的一条支线上，观察动静。

毛主席同意转向绍兴，说："可以。那样就可以少走回头路了。"

五、粉碎林彪反革命政变阴谋

当时,毛主席还不知道林彪的那个手令,也不知道林彪一伙进行武装政变的计划。但是,毛主席凭着他多年高度的警觉性和丰富的斗争经验,在思想上、行动上已做了各种防范准备。

我从毛主席住地出来,马上就打电话找当时负责毛主席在杭州的警卫工作的陈励耘。陈励耘的秘书接的电话。他接到电话后,马上跑到我的办公室来说:"陈政委有事,您有什么事请跟我讲。"

我说:"专列要转移,这个事对你讲,你能办成吗?"

秘书肯定地回答说:"能。"

我说:"你可以试着办一下,不过还是要找到陈政委。"

紧接着我就找到张耀祠说:"赶快去找专列的同志讲清楚,火车马上开走。"当时天气太热,我还要求在专列转到新的停车地点后,给毛主席的主车和餐车上面搭个棚子,起到防晒作用。张耀祠马上落实了。

这些情况,我都报告了毛主席。毛主席同意这么办,并说这个办法好。

毛主席的专列于9日凌晨转到靠近绍兴的一条专线上。

10日中午,毛主席叫我去,对我说:"走啊!不要通知陈励耘他们。"

我说:"主席,不通知他们不行。"

毛主席问:"为什么呀?"

我说:"不通知不行,您不是一般人。来的时候,都通知了;走的时候,不通知不好,路上的安全,还是要靠地方。"

毛主席又说:"那就不让陈励耘上车来见,不要他送。"

我说:"那也不行,会打草惊蛇。"

毛主席考虑了我的建议。他问:"那怎么办?"

我说:"您看,是不是请南萍、陈励耘……"

我刚说到这里,毛主席打断我的话说:"还有一个,就是空五军的军长白宗善,这个人也请来。为什么这次没有请他见面?"

我回答说:"马上就通知他。"

南萍等人被请来以后,毛主席在自己休息的房间里又同他们谈了一次话。当毛主席见到白宗善,同他握手时,问:"你为什么不来看我!"陈励耘连忙解释说:"他那天在值班。"

这次谈话,毛主席讲了庐山九届二中全会的问题,党的历史上几次路线斗争的问题,军队干部的团结问题,战备问题。谈话中,毛主席还说:不要带了几个兵就翘尾巴,就不得了啦。打掉一条军舰就翘尾巴,我不赞成,有什么了不起。三国关云长这个将军,既看不起孙权,也看不起诸葛亮,直到走麦城失败。毛主席在谈话中,再一次批评了林彪、黄永胜。他还针对领导人闹不团结的情况,讲了一个故事,寓意深长。春秋时候,鲁与齐战,鲁庄公起初不待齐军疲惫就要出战,后来被曹刿阻止了,采取了"敌疲我打"的方针,打胜了齐军,造成了中国战史中弱军战胜强军的战例。他说,齐国和鲁国打仗,我是帮齐国,还是帮鲁国呢?鲁国小,人少,但团结的好。齐国向鲁国进攻,鲁国利用矛盾,结果把齐国打败了。

在谈话的时候,我就布置专列做开车的准备。毛主席同他们谈了半个小时。谈完后,我请他们到我的房间里休息。

我回到毛主席那里,请示说:"到上海后车停在哪里?"

毛主席说:"停在上海郊外虹桥机场专用线,顾家花园就不进去了。"

我说:"上海那边要通知,是不是通知王洪文?"

毛主席说:"是。这个电话由你们打。"

当时,陈励耘在我的房子里,我就只好在毛主席那里给王洪文打了一个电话。

五、粉碎林彪反革命政变阴谋

专列10日13点40分由绍兴返回，14点50分抵达杭州站。在离开杭州去上海的时候，我们没有通知其他的人送，而陈励耘却来了。陈励耘到了车站后，不敢同毛主席握手，也不敢接近毛主席。他心里有鬼，当时神情很不自然。

他跟我握手时问我："车开后，要不要打电话通知上海？"

我说："你打电话给王洪文或者王维国，这两个人都可以，就说我们的车出发了，还是在那个支线上停住。"以后我了解，陈励耘确实打电话通知了王洪文。

后来，据陈励耘交代：8日晚上他有事，就是因为于新野到了杭州。于新野是8日先坐飞机到上海，然后赶到杭州找陈励耘布置任务的。但于新野有一些疑惑，不知道出了什么事。他追问陈励耘毛主席到底在杭州讲了些什么话，陈就把毛主席同他们谈话的内容做了报告。当时，于新野告诉陈励耘，要在杭州、上海、南京之间谋害毛主席。据我们后来了解到的情况，陈励耘在接待于新野的房子里挂着一张毛主席像，陈励耘一看到毛主席像就发愁。

林彪反革命集团阴谋发动武装政变、杀害毛主席的手段之残忍，是骇人听闻的。从后来"联合舰队"成员的供述和我们调查得到的材料看，他们准备谋害毛主席的办法有八种之多：

第一种办法，如果毛主席的专列停在上海虹桥机场专用线上，就由负责南线指挥的江腾蛟指挥炸专用线旁边飞机场的油库，或者让油库燃烧。据王维国交代，这时就由王维国以救火的名义带着"教导队"冲上火车，趁混乱的时候，先把汪东兴杀死，然后杀害或绑架毛主席。

第二种办法，是准备在第一种办法失败后采用的，就是在毛主席的专列通过硕放铁路桥时，炸掉铁路桥和专列，制造第二个"皇姑屯事件"。然后他们再宣布是坏人搞的。硕放桥在苏州到无锡之间，他们已经到那里看了地形，连炸药怎么安放，都测量和设计好了。

第三种办法，如果硕放炸桥不成，就用火焰喷射器在路上打火车。周宇驰讲，火焰喷射器可以烧透几寸厚的钢板。朝火车喷射，很快就会车毁人亡。王维国、周宇驰等人也到铁路沿线看过地形。他们准备从外地调来火焰喷射器部队，由于我们行动提前，这支部队没有来得及调来。

第四种办法，是用四〇火箭筒和一百毫米高射炮平射打毛主席乘坐的火车。四〇火箭筒是打坦克的，高射炮是打飞机的，这两种武器的穿透力都很强，对付火车不成问题。

第五种办法，是由王维国利用毛主席接见的机会，开枪杀害毛主席。

第六种办法，是利用中央开会的机会，对毛主席下毒手。

第七种办法，是策划用飞机上的机关炮、警卫营的步枪、机关枪打毛主席乘坐的专列，把车打停以后，欺骗战士说上火车去抓凶手，看着哪个活着就把他干掉。

第八种办法，是要陈励耘在杭州用改装的伊尔—10飞机来轰炸毛主席的专列，由陈励耘负责在飞机上装炸弹。据陈励耘后来供述：于新野找他布置任务时，他曾提出杭州没有可靠的飞行员，于新野答应回去向领导上汇报，派一个飞行员来。他们准备派谁呢？派鲁珉。鲁珉当时是空军司令部的作战部部长。陈励耘说："那就好。那就干！"陈励耘还说，用飞机轰炸专列的办法是可靠的。9月9日，于新野在上海当着王维国的面说："我们这次用飞机轰炸，除飞机上有的武器外，还要再加配高射机关枪，这个机关枪可以扫射火车上跑下来的人。"

从这几种办法可以看出，林彪一伙谋害毛主席的手段是何等阴险毒辣！

■ 林彪反革命集团为谋害毛主席准备使用的伊尔—10强击机

当于新野同王维国一起策划时,王维国又提出,如果毛主席到上海下车住在顾家花园怎么办?于新野说,他看了地形,如果毛主席住在顾家花园,可以把王维国的"教导队"带上去,在毛主席住地附近埋伏好,用机枪把前后路堵死,先把警卫部队消灭,再冲进去就可以解决问题了。王维国还向于新野表态说:"首长(指林彪)的命令,我一定执行。"于新野、王维国都认为,在上海动手,地形比杭州要好,对他们更有利。9日下午,于新野从上海坐飞机回北京前,王维国同他一起又看过一次地形,他们决定就在上海谋害毛主席。

于新野飞回北京,就到西郊机场向林立果做了汇报。林立果在西郊机场的平房和西郊机场旁边的空军学院里都有办公室,那里是他的据点。林立果马上将谋害毛主席的阴谋活动的进展情况报告给在北戴河的林彪和叶群。这时,林立果和周宇驰对江腾蛟说:北线由王飞指挥,南线由你指挥,你要赶快回南方去。

王飞当时是空军司令部的副参谋长,是"联合舰队"的骨干

汪东兴回忆
毛泽东与林彪反革命集团的斗争

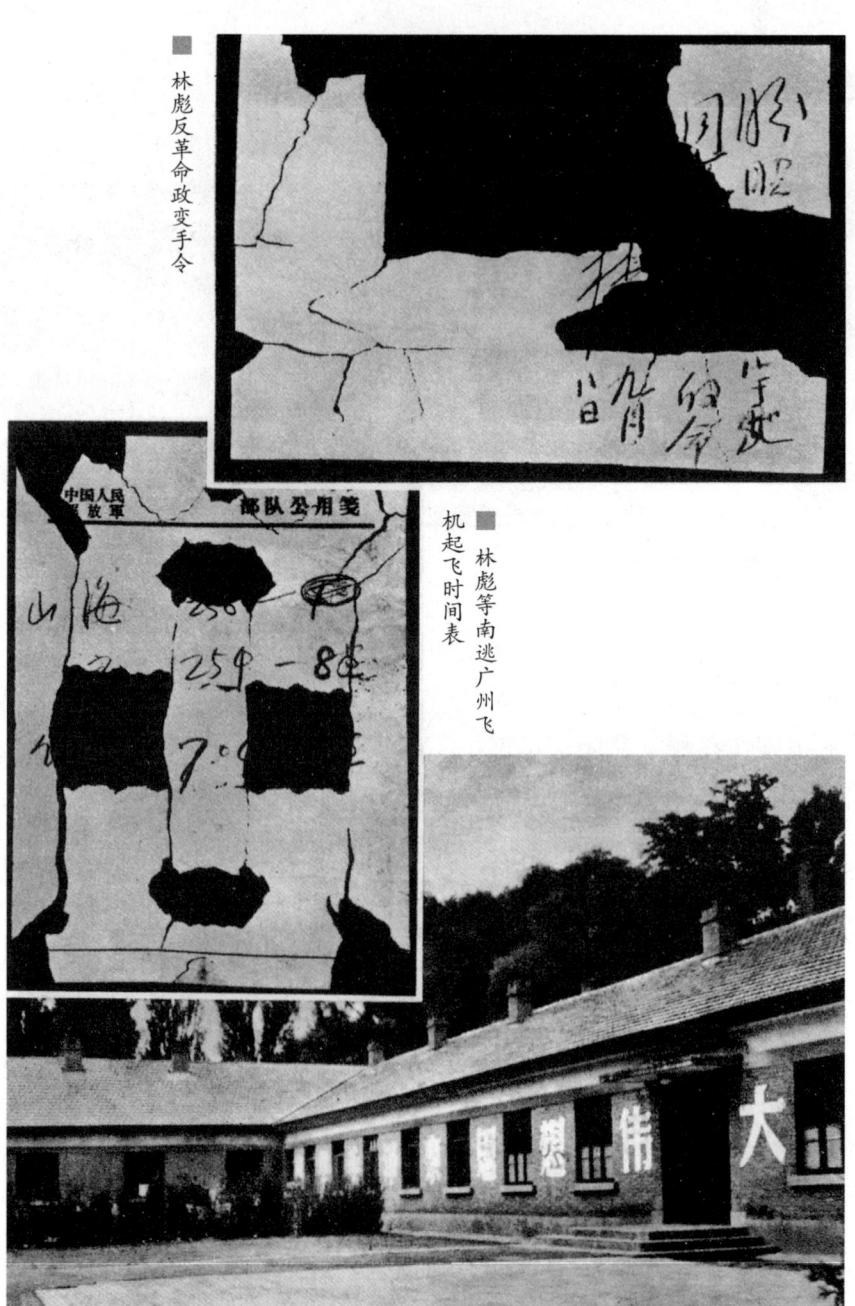

■ 林彪反革命政变手令

■ 林彪等南逃广州飞机起飞时间表

■ 林彪反革命集团在北京西郊机场的据点

成员。他们计划在北线实施的行动,是要把在京的周总理、朱德、叶帅、聂帅、徐帅、刘帅等人都害死,也包括江青、张春桥、姚文元。王飞等人把钓鱼台、中南海的地形都看了。周总理当时就住在中南海里。他们打算用坦克冲中南海。王飞说,北京上空是禁飞的,用坦克可以把中南海的墙撞开。在他们密谋的过程中,还有人提议可否用导弹车拉着导弹打中南海。他们说来说去,找不到一个合适的方案。

林彪知道搞政变的行动已经全面展开了,他有带兵的经验,怕单靠"联合舰队"这几个人没有把握,怕他们经验不够。林彪要指挥一个大"舰队"。他通过叶群把黄永胜、吴法宪、李作鹏、邱会作都调动起来了。那几天,他们的电话联系十分频繁,常常是两三部电话机同时讲话,一讲就是半个小时、一个小时。据调查:9月10日,黄永胜同叶群通电话5次。其中有两次通话时间竟分别达90分钟和135分钟。同日,林彪还给黄永胜写信,信上说:"永胜同志:很惦念你,望任何时候都要乐观,保护身体,有事时可与王飞同志面洽。"他们称毛主席为"B—52"。叶群在给吴法宪电话中问:B—52的情况现在怎么样了?吴法宪向她报告了毛主席在杭州同陈励耘等人谈话的内容。

现在想来,那时的形势是极其危险的。但毛主席并没有把他知道的危急情况全部告诉我,他老人家没有作声,他沉着地待机而动。当时,我也发现有些现象不正常。杭州我们不能再呆下去了,便转往上海。由于我们行动非常快,使得陈励耘和王维国等人措手不及。10日15点35分,我们从杭州发车,18点10分就到了上海。这次随毛主席外出,我带上中央警卫团干部队100人,前卫、后卫车都上了部队。专列一到上海,我就把上海当地的警卫部队全撤到外围去了,在毛主席的主车周围全换上中央警卫团的部队,以防不测。在离我们的专列150米远的地方是虹桥机场的一个油库，要是油库着火了，我们的火车跑都跑不掉，所以我特别派了两个哨兵在那里守卫。

10日晚上，毛主席同上海市革委会负责人王洪文见面，但没有谈几句话。王洪文住在车下的房子里，他还要我也搬到车下来住。我因为考虑专列的安全就谢绝了。

第二天上午，许世友来了。

毛主席与许世友、王洪文和我，谈了两个小时的话。毛主席说：犯点错误是不要紧的，有的属于认识问题，现在有的同志有些认识不到嘛，那就等待，而且要耐心地等待嘛。毛主席又说：要争取主动，有了错误，不认识，不改正，在那里顶着不好，这会加深错误，包袱越背越重，甩掉包袱，轻装上阵，人就舒服了。他还指出：有人在搞阴谋诡计，不搞光明正大；不搞团结，在搞分裂。

许世友表示，庐山会议的问题，按毛主席的指示办。

谈到中午，毛主席说："吃中午饭啦！今天，我就不请你们在车上吃饭了。王洪文，你请许世友到锦江饭店去吃饭，喝几杯酒。"

许世友热情地说："汪主任，你也去。"

我说："我不去了，谢谢。"

毛主席当着他们的面对我说："汪主任，你把他们送走以后，再回来一下。"

我送许世友、王洪文下车时，看到王维国也来了。他一直在休息室里等着毛主席召见。

我送走许世友、王洪文、王维国等人后，马上回到车上去见毛主席。

毛主席问："他们走了没有？"

我说："走了。"

毛主席马上说:"我们走。你立即发前卫车。"

我说:"不通知他们了吧?"

毛主席说:"不通知。谁都不通知。"

我们执行毛主席的命令,立即发了前卫车。13点12分,我们的车也走了。

专列开动时,车站的警卫人员马上报告了在锦江饭店吃饭的王洪文。王洪文小声告诉许世友说:"毛主席的车走了。"

许世友很惊讶地说:"哎呀!怎么走了?"

王洪文对许世友说:"既然走了,我们还是吃饭吧。"

王洪文、许世友、王维国等人吃了两个多小时的中午饭。吃完饭已经是下午了。许世友便乘一架伊尔—14飞机赶回南京,然后到车站接我们。

我们专列18点35分抵达南京站,停车15分钟。许世友在南京站迎接,毛主席说:"不见,什么人都不见了,我要休息。"

我下车见了许世友,跟他说:"毛主席昨天晚上没睡,现在休息了。毛主席还说,到这里就不下车了。"

许世友说:"好!"他接着问我:"路上要不要我打电话?"

我说:"不用了,我们打过了。"

许世友又问:"蚌埠停不停?"

我说:"还没最后定。一般的情况,这个站是要停的,但主席没定。"

专列从南京开出后,到蚌埠车站是21点45分,停车5分钟。12日零点10分到徐州,停车10分钟。到兖州时是2点45分,没有停车。到济南时是5点,停车50分钟。在济南车站,我打电话给中办值班室,要他们通知纪登奎、李德生、吴德、吴忠到丰台站,毛主席要找他们谈话。专列到德州时是7点40分,停车20分钟。11点15分到天津西站,停车15分钟。

12 日中午 13 点 10 分，专列抵达丰台站停车。毛主席与李德生、纪登奎、吴德、吴忠和我谈了话，一直讲到下午 3 点多钟才结束。

过去，毛主席从来没有白天到北京站下车的，这次是个例外。15 点 36 分，专列由丰台站开出，16 点 5 分到北京站。毛主席下火车后坐汽车回到了中南海。

从杭州动身到这时，毛主席已经 3 天没有休息好。到了中南海，我对毛主席说："您睡吧。"

毛主席关心地对我说："你也睡一睡吧。"

我说："我也回去睡一睡。"

回来后，我打电话给周总理。周总理还不知道出了什么问题，感到诧异。他问："你们怎么不声不响地就回来了，连我都不知道。路上怎么没有停？原来的计划不是这样的呀。"

我回答周总理说："计划改了。"我还说，电话上不好细说，以后当面汇报。

这时，林立果等人正在加紧策划和实施谋害毛主席和党中央其他领导同志的阴谋①，突然接到王维国从上海打来的电话，报

---

① 据李伟信（林彪死党，直接参与研究制定反革命政变纲领《571 工程》纪要》的成员之一。一九七一年九月十三日同周宇驰、于新野一道乘直升飞机外逃，叛国投敌。被迫降落时，驾驶员中队长陈修文烈士与叛徒周宇驰夺枪搏斗，被杀害。迫降后，周、于自杀，李伟信被我俘获。）1971 年 10 月 13 日交代："一九七一年二月份，反革命分子林立果跟野心家林彪、反革命分子叶群一起到苏州，以后，林立果又到杭州。三月十八日，林立果和于新野从杭州到上海。当天晚上，林立果在他卧室里对于新野和我说：'根据目前形势，要设想一个政变计划。'他要立即把周宇驰从北京叫来商量，同时叫于新野暂不回北京，主要处理这件事。林立果接着说：'刚才已经把我们在杭州研究的情况，给"子爵号"'（是英国飞机名称，反革命分子林立果等人称呼反革命分子叶群的代号）说了一下，她说在上海要隐蔽、安全。"

反革命分子周宇驰三月二十日到上海。当天晚上，林立果、周宇驰两人密谈，后把于新野叫去。第二天，开始他们三人商量，后来叫我也去了。反革命分子林立果说："目前从各地区实力来看，首长（指野心家林彪）讲话，还是有一定作用，这件事与首长（林彪）谈过，首长（林彪）叫先搞个计划。"

五、粉碎林彪反革命政变阴谋

告毛主席的专列已经离开上海。这帮家伙被吓坏了,林立果连声说:"糟糕!糟糕!"

当林立果又探听到毛主席确实于9月12日下午回到中南海的消息后,深感谋害毛主席的阴谋已经破产,他在惊恐之余,给在北戴河的叶群打电话,说情况紧急,两个小时以后飞往北戴河,并说,他走后北京由周宇驰指挥。林立果还对周宇驰等人说,现在情况变了,我们要立即转移,赶紧研究一个转移的行动计划。

他们要转移到哪里去呢?他们要实施早在《"571工程"纪

(接上页注)

这次主要谈了这样几个问题:

(一)研究了形势。

主要谈了三方面:(1)在全国范围内,"首长"(指野心家林彪)的权力势力,目前是占绝对优势,是一边倒的,是最好的时机,但是可能逐渐削弱。(2)张春桥(他们指所谓文人力量)正在发展。因为九大以后,全国局势基本稳定,在和平时期,文人方面工作和力量,势必要发展。(3)从事物发展规律来说,好到一定程度,就要向相反方面转化,交叉发展规律,反革命分子林立果还恶毒地攻击伟大领袖毛主席:"主席一贯是这样,一会儿用这边力量,一会儿用那边力量,用这样的办法玩弄平衡。目前的发展趋势是用张春桥。"

(二)研究了野心家林彪的接班问题,说有三种情况:

1. "首长"(指野心家林彪)和平过渡地接班。反革命分子周宇驰说,五、六年就差不多了,甚至可能更短。反革命分子林立果说,五、六年还接不了班,即使五、六年,其中变化就很大,很难说"首长"(林彪)的地位还一定能保得住。当然和平过渡的办法最好。

2. "首长"(指野心家林彪)被人抢班(被赶下台)。反革命分子周宇驰认为一下不可能,最起码三年以后。反革命分子林立果认为,很难说,主席威信高,他要叫谁倒还不是一句话。反革命分子于新野说:那"首长"(指林彪)是主席自己树起来的。反革命分子林立果恶毒地说:刘少奇不也是他立的。反革命分子林立果觉得野心家林彪随时都可能被赶下台,因此,他积极疯狂地策划反革命政变。接着谈了上海文汇报三月十六日发表的文章,林立果认为,这篇文章是有来头的。既然有来头,就应该看成是信号,是舆论准备。

3. "首长"(指野心家林彪)提前抢班,可有两个办法:(1)把张春桥等这一伙搞掉,保持"首长"(指野心家林彪)地位不变,再和平过渡(认为张春桥同志要代替林彪的可能最大)。(2)直接陷害伟大领袖毛主席,但是他们又考虑主席影响、威信这样大,以后政治上不好收拾,尽可能不这样干。反革命分子周宇驰还非常险恶地说,当然一定这样做也可以想办法,如:把主席软禁起来谈判;也可以把主席害了,再嫁祸于人,把汪东兴、张春桥叫去,把他们搞掉,就说他们与王、关、戚有关系,谋害主席,或者搞几个犯人替死。

要》中密谋的方案，即谋害毛主席不成，就转移到广州去另立中央政府，分裂国家。这就是审判林彪反革命集团时所说的"两谋"：一个是阴谋杀害毛主席；另一个是阴谋带领黄永胜、吴法宪、李作鹏和邱会作南逃广州，另立中央政府，分裂国家。

当时，空军已经被他们控制。他们安排了5架飞机飞往广州：一架是256号三叉戟，林彪的专机；另外再安排一架三叉戟给黄永胜等乘坐；第三架是伊尔—18；第四架是安—12运输机，可以装汽车；第五架是安—24，也可以装防弹车。他们说，还要为林

（接上页注）
到那个时候，反正"首长"（林彪）掌权，事后处理，"首长"（林彪）是可以出来说话的。但是这样干，"首长"（林彪）在政治上要付出很大代价。

（三）研究了办法：

争取和平过渡，但是作好武装起义准备。目前先做两件事，（1）写个计划；（2）让空四军组建一教导队。

计划：一开始研究代号，想了很久，最后林立果自己定，就叫"571"工程计划，即武装起义的谐音。计划目的和内容，林立果说，让上海小组带着教导队先把张、姚干掉，可由王维国请张、姚来，或叫警卫处处长李松亭带领去张春桥家（那时林立果问我张家是否是你们警卫处管，我说不知道。林立果叫我打听一下，我记得好像问过警卫处处长李松亭，李说张家是我们管，我们派人警卫和送日常用品，我将情况告诉了林立果。我为他们反革命计划进行了反革命活动）。林立果又说，干掉张、姚后，让王维国、陈励耘，必要时抽南京空军一部分力量，控制上海局势，然后串连全国力量，发表支持声明，逼中央表态支持。假如许世友出兵干涉，由王维国他们保卫上海，形成对峙的局面，再和平谈判。最坏的打算，是上山打游击，先往浙江方向。林立果还说，这些问题，这次去杭州与陈励耘商量了一下。我看这个计划，就按在杭州商量的框框，由于新野写。计划分几个部分我说不清，好像有实施准备、方案，以后打算等。

教导队：以培养基层干部为名，建立教导队。要精干、保密。一百人左右，住在上海新华一邨。教导队的干部很重要，要选好。光靠教导队还不行，上海小组要去抓。小组里以袭著显、蒋国璋为主，小组每一至二人还要抓空四军所属的一个部队，每个人在他抓的那个部队，都要挂个职务。另外要给教导队多配些汽车和炮，增加机动能力。可以叫王维国自己造炮。军事上要多学几手，政治上培养对"首长"（林彪）、"副部长"（林立果）的感情。

林立果还说，"571"计划和教导队的事，目前只限"舰队"、江腾蛟、王维国、陈励耘知道，有些情况可以告诉上海小组。

以上是林立果三月份在上海的反革命活动。现在另外交待和揭发几个问题。

一、"571"计划写成后，我没有见过，但是于新野在一九七一年九月十一日，曾夸耀自己说：林立果把计划及一本于新野最近摘录的关于武装起义的事

彪再准备一架伊尔—18。林立果在电话中把这些安排都报告了林彪。林彪说:"立即转移。"随后,林立果给王飞传达说:"你这样安排对。林副主席决定立即去广州。"

后来据调查得知,林彪他们有一个先谈判、后动武的计划,他们想到了广州以后,先提出条件同北京谈判。但他们估计谈判成功的可能性小。这样,他们就计划在广州立即召开师以上干部会议,进行动员,并宣布成立中央政府。要动武,就联合苏联,南北夹击。林立果要求通知广州部队空军参谋长顾同舟,要他安排好车辆和房子。周宇驰还对李伟信说,马上打电话给上海的王维国,通知他9月13日早上有一架伊尔—18飞机在上海着陆,把警卫团二中队换下来,让王维国的空四军"教导队"和上海的"联合舰队"成员做好准备,搭乘这架飞机去广州。周宇驰还要求于新野给空军军务部打电话,通知马上准备好30支手枪,2支冲锋枪,多准备一些子弹。这些任务完成后,于新野立即去空军大院协助江腾蛟、王飞组织人员转移。周宇驰这时挥着胳膊对江腾蛟和王飞说:"他妈的,成败在此一搏!"

12日傍晚,周宇驰在空军学院召集江腾蛟、王飞一伙开了一个秘密会议。会上确定,由王飞、江腾蛟负责组织人员,保护黄永胜等人南逃。他们计划:13日早晨8点钟,林彪由山海关机场

(接上页注)
例,都留在北戴河"首长"(林彪)、"主任"(叶群)那里。

二、于新野一九七一年七、八月在广州时对我说:批陈整风汇报会时,林立果当时比较紧张,对会议估计三种可能:(1)一般谈一下,(2)整到军委办事组,(3)整到"首长"(林彪)。后来估计(1)、(2)可能大。在批陈整风汇报会上,黄、吴、邱、李、叶都检讨了,而且是主席批准要他们检讨,"主任"(叶群)非常紧张,当时要搞"571",并和黄永胜也商量了,黄永胜他们也同意。

三、刘沛丰一九七一年八月在北戴河,有次对我说,前几天,天天四五点钟睡觉,吃不消。我问干什么,刘说:叶群天天找林立果,研究"571",把舰队一些人员的代号也要去了。

直飞广州；13日早晨7点钟，黄永胜、吴法宪、李作鹏、邱会作等人由北京西郊机场直飞广州。

然而，事与愿违。玩火者必自焚。历史无情地表明：林彪的"两谋"，不过是一伙阴谋家的垂死挣扎而已，他们没有逃脱失败的命运。

（二）

离北戴河西海滩两公里处的联峰山松树丛中，有一栋两层的小楼，这就是林彪、叶群住的中央疗养院62号楼（原为96号楼）。1971年9月12日，天色渐黑时分，林彪、叶群正在这里忙着调兵遣将。可是从表面看来，62号楼却是十分平静，在这里服务的工作人员都不知道发生了什么事情。林彪、叶群在接到林立果马上要飞来北戴河的电话后，耍了一个花招，宣布当天晚上他们的女儿林立衡要与其恋爱对象张清霖举行订婚仪式。叶群指示秘书和工作人员说，不请人吃饭，但要准备好烟、酒、糖果、茶等，另外再准备两部电影招待大家。他们这样做，是要转移工作人员的注意力，掩盖他们的阴谋活动。

晚间，叶群还与林立衡一起看电影，电影的名字叫《甜甜蜜蜜》。8点多钟，林立果乘专机飞到山海关机场，9点钟到了林彪住地。林立果送了一束鲜花给林立衡，表示祝贺。林彪、叶群他们搞阴谋的事，林立衡当时不知道。林立衡与叶群平时关系不好，叶群有事总是背着她。林立衡是个很聪明的人，她看出林立果回来后，家里好像有事不让她知道。叶群一退场，随即和林立果去了林彪的房间。林立衡也没有心思看电影了，就从电影室出来，到林彪的房间外边去听。她听到林彪、叶群、林立果三个人在一起谈话，隐隐约约地听他们说，要去什么地方。林立衡听到

五、粉碎林彪反革命政变阴谋

这些话，心里很紧张。她马上去向当时在北戴河保卫林彪的8341部队的副团长张宏和二大队的队长姜作寿报告。

晚上9点20分左右，张宏、姜作寿听到林立衡的报告，姜作寿立即打电话将情况报告给在北京的中央警卫局副局长张耀祠。张耀祠立即赶到我的办公室，说："情况很紧急，林彪要走动，怎么办？"我马上打电话找周总理。周总理当时正在人民大会堂福建厅开会，主持讨论将在四届全国人大会上作的《政府工作报告》的草稿。

我将林立衡报告的情况向周总理报告后，周总理问我："报告可靠吗？"

我回答说："可靠。"

周总理对我说："你马上打电话通知张宏，如果有新的情况，立即报告。"

我和张耀祠都守在我的办公室的电话机旁。过一会儿，张宏又来电话报告说：林立衡还报告，她听接林立果的汽车司机讲，

■ 林彪等逃跑时所乘的汽车

林立果是乘专机从北京来的,这架专机现在就停在山海关机场。由于林立衡的报告,我们掌握了林立果是乘专机去北戴河,山海关停有专机的重要情况。我马上又将这个情况报告给周总理。

这时,周总理听了这些情况后,已经不能继续主持开会了,他也紧张起来。他安排其他人继续开会,自己来到人民大会堂东大厅的一间小房子里处理北戴河方面的问题。他打电话给我,要我不离开电话机,随时掌握北戴河那边的情况。我说,不会离开,我就在电话机旁边等着。周总理接着打电话把在大会堂参加《政府工作报告》稿讨论会的吴法宪从会场上找出来,问他知道不知道有一架飞机从北京飞到北戴河去了。吴法宪回答说不知道,并说他要问一问空军调度室。周总理要求吴法宪立即去问。吴法宪就到另一个房间去打电话了。周总理这时又打电话给我,让我立即转告北戴河的张宏,让他查一查,山海关是不是有一架

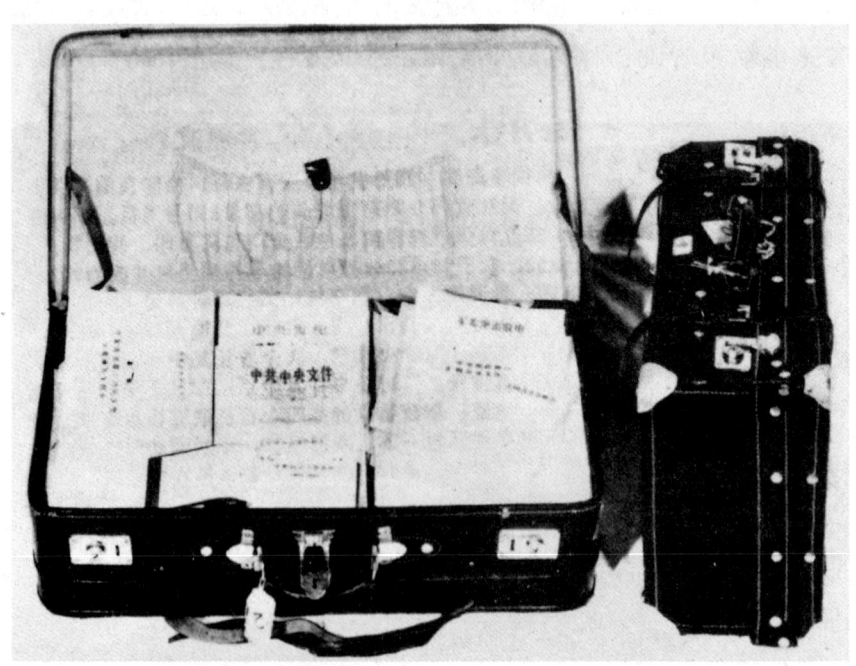

■ 为外逃准备带走的大批绝密文件

专机，如果有什么新情况，马上向他报告。张宏很快答复说，他已问过山海关机场，确实有一架专机，专机的机组人员正在休息，这个机场归海军管理。

晚上 11 点半钟，周总理亲自打电话给叶群。

周总理问叶群说："林副主席好不好呀？"

叶群说："林副主席很好。"

周总理问叶群知道不知道北戴河有专机，叶群说她不知道。

叶群稍微顿了一下后，又改口对周总理说："有，有一架专机，是我儿子坐着来的。是他父亲说，如果明天天气好的话，他要上天转一转。"

周总理在电话里又问叶群："是不是要去别的地方？"

叶群回答周总理说："原来想去大连，这里的天气有些冷了。"

周总理说："晚上飞行不安全。"

叶群说："我们晚上不飞，等明天早上或上午天气好了，再飞。"

周总理又说："别飞了，不安全。一定要把气象情况掌握好。"

接着，周总理还说："需要的话，我去北戴河看一看林彪同志。"

周总理提出要去北戴河，这一下子叶群警觉了，她慌了。周总理要是一来，林彪南逃广州、另立中央政府的阴谋也就搞不成了。叶群劝周总理不要到北戴河来，对周总理说："你到北戴河来，林彪就紧张，林彪会更不安。总之，总理不要来。"

这些情况、对话，是周总理后来告诉我的。周总理后来对我说，他确实打算去北戴河，已经让杨德中准备飞机了。

这时，周总理在人民大会堂里，我在中南海的南楼，他和我都已经忙得不可开交了。周总理派李德生到空军司令部作战值班室去协助他临时负责指挥，还派杨德中陪吴法宪去了西郊机场。

林彪听了叶群的汇报，得知周总理要来北戴河。他说："我也不休息了，今晚反正睡不着觉了。你们赶快准备东西，我们马上走。"此时，叶群更加惊慌，她也说："越快越好。"

林彪要走的命令一下，62号楼的人忙开了，慌了，都不知为什么要走得这样快。林彪的汽车马上调到了他的住房门口。林彪快要上车时，叶群派人找过林立衡。

林立衡自从报告了林彪要去外地的情况后，已经不敢再回去了。这时，二大队执勤的哨兵也报告，说林彪住地很乱，搬东西的人来来往往。

林彪和叶群、林立果先后上了汽车。

林彪问林立果和警卫秘书："去伊尔库茨克要飞多少时间？"

林立果说："很快就到。"

林彪问完后，汽车就开动了。林彪的警卫秘书坐在前座上，后边是林彪、叶群、林立果等人。汽车驶到岗哨跟前，哨兵拦阻，叶群命令司机冲过去，警卫秘书这时突然改变主意，叫一声"停车！"司机没有听他的，只是将车速稍微慢了一下，警卫秘书就打开车门跳下车。汽车里有人向他开了枪。张宏、姜作寿等人看到这些，坐车跟上去。

林彪的红旗牌轿车时速开到100公里左右，张宏他们乘坐的吉普车根本追不上。等张宏他们追到山海关机场的时候，林彪已经上了飞机。由于紧张和慌乱，林彪的帽子和叶群的围巾都掉在了地上。飞机那时还未加完油，就起飞了。专机的两个驾驶员，只上去一个，领航员、通讯报务员都没有来得及登上飞机。

张宏他们在机场上把林立果找对象选来的几个"美女"拘留了。这些"美女"当时都发了枪，她们拿着枪不让我们的警卫战士进屋。张宏对她们说:"你们这是要干什么!我们是保卫林副主席的,你们怎么这个样子?"警卫战士一进去,就把她们的枪缴了。

13日零点32分,我接到张宏从山海关机场打来的电话,说飞机已经起飞了。

与此同时,林立衡也打电话来对我说:"听到飞机响了,好像是上天了。"

我对她说:"你报告得迟了一点。"

她对我说:"刚听到飞机声。"

我对她说:"我现在没有时间接你的电话。"就把电话挂了。

我立即打电话给周总理,说:"毛主席还不知道这件事,您从人民大会堂到毛主席那里,我也从中南海南楼到主席那里,我们在主席那里碰头。"我叫张耀祠同我一起去,我说,你要去主席那里接电话。我们和周总理几乎是同时到了毛主席那里。

我们正在向毛主席汇报时,吴法宪从西郊机场打电话找我,说林彪的专机已经起飞30多分钟了,飞机在向北飞行,即将从张家口一带飞出河北,进入内蒙古。吴法宪请示,要不要派强击机拦截,我说:"我立即去请示毛主席,你不要离开。"

当时,毛主席的房间里没有电话,电话在办公室里,离谈话的房间还有几十米远。我马上跑步回去,报告毛主席和周总理。毛主席听了报告以后说:"林彪还是我们党中央的副主席呀。天要下雨,娘要嫁人,不要阻拦,让他飞吧。"周总理同意毛主席的意见,让我马上去传达给吴法宪。我又跑回值班室,只告诉了吴法宪一句话,就是不要派飞机阻拦,其他的话,我没有告诉他。

这时时针指向13日凌晨1点12分。飞机从起飞时算起,已经飞了40分钟,快要飞出国境了。把这架飞机放过去,是毛主席、周总理的意见。这个意见是对的。要是把这架飞机拦截下来，那可不得了！会在全国造成不好的影响。林彪是党的副主席，我们当时并不知道他要飞到哪里去，做什么事，拦截专机，我们怎么向全国人民交代！后来才知道，当时的实际情况是：林彪、叶群经过长期策划，林彪认为，只要毛主席健在，无论是威望还是文的、武的，他都不是对手，所以他想出了三个计策，即上策是谋害毛主席，夺取党和国家最高领导权；中策是南逃广州，另立中央政府；下策是往北叛逃国外。最后关头，他选择了下策。

13日凌晨3点多，我们还没有离开毛主席住地，空军司令部又打来了电话，说调度室报告，北京沙河机场有一架直升机飞走，机号是3685，机上有周宇驰、于新野、李伟信和正副驾驶员共5人，直升机正向北飞行。我马上将这个情况报告毛主席和周总理。毛主席和周总理异口同声地说："下命令，要空军派飞机拦截。"

空军的歼击机升空以后，由于天空很黑，直升机又没有开航行灯，所以经过一番搜索没有找到目标。

驾驶直升机的飞行员陈修文，是个很好的同志，后来被追认为烈士。他当时装着很焦急的样子，喊叫说没有油了，要降落下去加油。其实油是够的。周宇驰说不能降落，降落下去，大家就都别想活了。周宇驰还谎称，林副主席已经坐三叉戟专机在乌兰巴托降落了，说你们不要害怕，出了国境就行。

陈修文听周宇驰这样一讲，操纵飞机摇晃了一下，然后利用飞机晃动的机会改变了航向。这时，天已经发亮，陈修文看到头顶上的歼击机了。周宇驰他们也看到了，很紧张。飞机开始往回飞，陈修文并将罗盘破坏了。周宇驰发现后，问陈修文为什么改变飞机的航向。陈修文说，头上有歼击机，如果不机动飞行的

五、粉碎林彪反革命政变阴谋

话,可能要被打下来。周宇驰又问陈修文,罗盘怎么不对。陈修文说罗盘早就出了故障。这样一来,周宇驰感觉到飞机的航向有问题,不知道飞机往哪里飞。陈修文知道方向,他驾驶飞机经张家口、宣化等地又飞回北京。直升机在怀柔沙峪的一个空地上空盘旋了5圈后,开始降落。当直升机降落到离地还有20米时,周宇驰开了两枪,把陈修文打死了。陈修文旁边的副驾驶员叫陈士印,他将陈修文身上流出的血抹在自己的脸上,躺在地上装死。

周宇驰、于新野、李伟信从直升机上爬下来后,就往山上跑,一直到累得跑不动时才停下来。周宇驰说:"这样不行,早晚都是死,跑是跑不了的,咱们今天就死在这里吧。"他还说:"有两种死法。第一种是如果你们怕死,我就先把你们打死,然后我

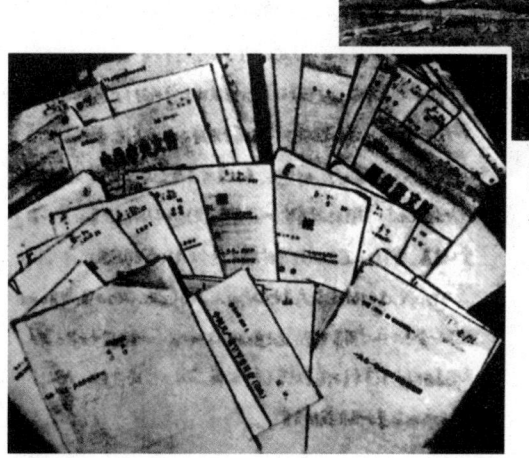

■ 林彪死党李伟信等被我迫降在怀柔县境内

■ 缴获文件的一部分

再自杀；第二种是如果你们不怕死，那就自己死。"说完这些话，周宇驰就把带在他身上的林彪的手令和林彪给黄永胜的亲笔信撕碎。这两个被撕碎的罪证，后来都找到了。

于新野对周宇驰说："我们还是自己死，不用你打。你喊'一、二、三'，我们同时开枪。"当周宇驰喊过"一、二、三"后，"砰！砰！砰！"三声枪响，可是倒下的只有两个人，原来是李伟信怕死，他把枪弹射向了天空。看到周宇驰和于新野两个人都躺在地上死了，李伟信爬起来就跑。这时民兵已经赶到，就地把李伟信抓起来了。抓李伟信的时候，他还喊叫，说要找卫戍司令。

14日上午8时30分，在乌兰巴托，蒙古人民共和国外交部打电话通知中国大使馆，说蒙古副外长额尔敦比列格约见中国驻蒙古大使，要向大使通报一架中国喷气式飞机在蒙古失事的情况。

9月14日中午12时20分，中国驻蒙古大使将一架中国飞机在蒙古失事的情况报告中国外交部。外交部在代外长姬鹏飞主持下召开了党组会，并将这个情况很快抄报了党中央。当时，我们都在人民大会堂东大厅开会，是中央办公厅副主任王良恩接的报告。

周总理看到报告后，在会场上对我说："得到了一个很重要的消息，你是不是马上去报告毛主席。"

我说："我马上就回去报告毛主席。"

当时，毛主席就住在人民大会堂北京厅。我跑了一段路到北京厅，把这个消息报告了毛主席。

毛主席想了一下，问我："这个消息可靠不可靠？为什么一定要在空地上坠下来？是不是没有油了？还是把飞机场看错了？"

我对毛主席说："飞机到底是什么情况，现在还不清楚，大使准备去实地勘察。目前还不知道飞机是什么原因坠落下来的。"

毛主席又问我："飞机上有没有活的人？"

我对毛主席说："这些情况都不清楚，还要待报。"

这个消息虽然很不具体，但它却使毛主席、周总理和正在人民大会堂参加会议的中央政治局的大多数同志心里的石头落了地。

我国驻蒙古大使后来到飞机失事的现场去了解了情况，弄清飞机坠毁在蒙古温都尔汗附近肯特省贝尔赫矿区南10公里处，是中国民航256号三叉戟飞机，机上8男1女，全部死亡。关于飞机坠毁的情况和我国外交部交涉的情况，大使和经办的外交官都已经有文章发表，是可靠的。

不久，我们把从直升机上和周宇驰等人的自杀现场缴获的林彪的一些文件，如林彪的手令、给黄永胜的信等调出来看时，在场的黄永胜、吴法宪、李作鹏、邱会作等都惊呆了。

林彪叛逃后，关于如何处理同林彪有密切关系的黄永胜、吴法宪、李作鹏、邱会作等人的问题，毛主席对周总理说："看他们十天，叫他们坦白交代，争取从宽处理。老同志，允许犯错误，允许改正错误，交代好了就行。"

但是，黄永胜这些人，在十天中既不揭发林彪的罪行，又不交代自己的问题，什么都不坦白。十天后，毛主席把我找到他的住处说："黄永胜他们怎么处理了？你去问一问总理。"于是，我马上赶到人民大会堂新疆厅向周总理汇报，说毛主席催问对黄永胜等人的处理。

周总理让我等一下，等他接见完外宾后，同他一起乘车去见毛主席。

当我同周总理到达中南海毛主席住所后，周总理向毛主席报告说，黄永胜他们在拼命烧材料。

■ 1971年9月13日，林彪等所乘的256号三叉戟飞机在蒙古境内坠毁

■ 256号三叉戟飞机残骸

五、粉碎林彪反革命政变阴谋

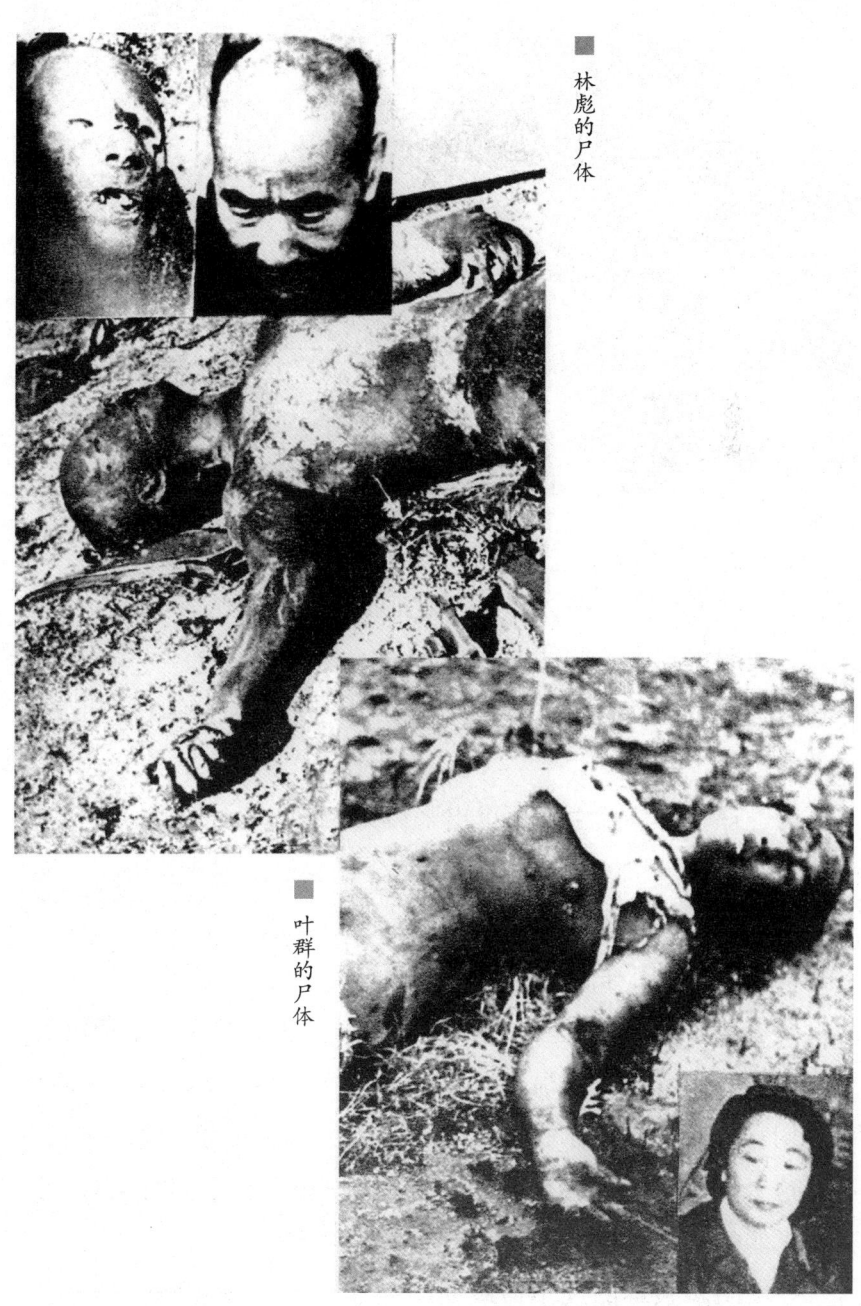

■ 林彪的尸体

■ 叶群的尸体

■ 林立果的尸体

毛主席说:"是啊,那是在毁证据嘛。这些人在活动,这些家伙是要顽抗到底了。"

周总理对毛主席说:"我马上办。今天晚上办不成,明天早上一定办成。"

周总理和我从毛主席那里出来后,周总理说:"你不能离开中南海了,要严加保卫毛主席的安全。我们有事时可以找张耀祠、杨德中,必要时找你。"我当时向周总理建议不要在集体开会时解决,要分开来,一个人、一个人地办。

后来是在人民大会堂福建厅宣布的对黄永胜等人的处理决定。当时,怕他们反抗,把福建厅的烟缸、茶杯等都端走了。周总理对他们宣布说:"限你们十天坦白交代,争取从宽处理,你们不听。这个事还小呀,还有什么事比这个事更大!你们对党对人民是犯了罪的。现在宣布对你们实行隔离审查。"

一场阴险狠毒的反革命政变阴谋活动就这样被彻底粉碎了。人民终于将林彪一伙野心家、阴谋家押上了审判台,永远钉在历

五、粉碎林彪反革命政变阴谋

史的耻辱柱上。

中共中央在 1981 年所作的《关于建国以来党的若干历史问题的决议》中指出:"1970 年至 1971 年间发生了林彪反革命集团阴谋夺取最高权力、策动反革命武装政变的事件。""毛泽东、周恩来同志机智地粉碎了这次叛变。"历史的事实确实是这样的。

毛主席在与林彪集团的斗争中,表现出了非凡的胆略和气概。毛主席以他异常丰富的斗争经验,成功地识破、挫败了林彪集团在庐山党的九届二中全会上阴谋夺取国家最高权力的宗派活动。此后,毛主席采取一系列措施,逐步削弱了林彪集团的势力。1971 年南巡期间,毛主席和沿途党、政、军许多高级干部谈话,做工作,揭露林彪一伙的真实面目,提高大家的认识,团结全党,反对分裂,并以其伟大的政治家、战略家的胆识,成功地战胜了林彪反革命集团策划的暗杀、搞武装政变等一系列阴谋,在

■ 在刚刚粉碎林彪反革命集团之后的毛泽东主席和周恩来总理

与林彪反革命集团策动的反革命武装政变及分裂活动的殊死搏斗中，夺取了全面胜利。中国共产党没有被分裂，中华人民共和国没有被分裂，中国的历史避免了大倒退。

毛主席识破和粉碎林彪反革命集团，为我们党和国家战胜野心家篡党夺权的阴谋提供了宝贵的经验教训，其意义和作用都将是巨大的和深远的。

后 记

　　林彪反革命集团的形成、发展和覆灭，是一个重大历史事件。本书把我跟随毛主席参加党的九届二中全会前前后后活动经过写出来，希望能有助于大家了解这段历史。本书中，毛主席在武昌、长沙、南昌、杭州、上海、丰台等地的多次谈话，虽然地点、对象不同，但基本内容是相同的。为了保持历史的原貌，尽管内容上有些重复，我还是按照原来的记录抄录下来了。书中记录的毛主席各次讲话，有些事的判断或说话，以及我自己的某些

■ 1995年9月，汪东兴同志在韶山。

表态和检讨，现在看来也许不够准确，或者不够妥当，但这都是历史真实情况。我相信读者会理解历史发展有个过程，人的认识会受一定的历史环境限制的，也受到实践的检验。我如实地写出来，是为了真实地再现历史的本来面目。

本书写作的过程中，得到当代中国研究所大力支持。刘中海、金隆德、朱元石、刘志男、刘桂民和汪小燕等同志，对本书资料核对、记录整理、抄写校对等方面做了大量的工作。中央党史研究室郑惠、魏久明、霍海丹等同志对本书作了审校。对此，我一并表示衷心的感谢。

本书的出版，主要靠当时记下的资料。现在看来是十分珍贵的。毛主席的讲话是经过深思熟虑的，当然有的谈话是有感而发的，临场记录不可能句句记到，难免有遗漏的地方。本书的内容、观点，是以我个人的角度和认识整理的，不一定都是对的。如有不当之处，请读者提出意见或批评。

汪东兴

1996年10月14日